HUMAN
RESOURCES
DIRECTOR
MANAGEMENT
NOTES

人力资源总监管理笔记系列

卓越面试官
从入门到精通

胡新桥 编著

化学工业出版社

·北京·

内容简介

《卓越面试官：从入门到精通》一书由导读和全面了解面试、做好面试的准备、用对面试的方法、设计面试的题目、掌握面试的技巧、成为优秀公考面试官、完成面试评估七章组成。

本书有两个显著的特点：第一，模块化设置，由小提示、实战范本、相关链接、经典案例、情景模拟等栏目组成，以最直观的形式展示相关知识点，便于读者阅读和学习；第二，实操性较强，本书尽可能做到去理论化，以精确、简洁的方式描述所有知识点，满足读者希望快速掌握管理技巧和技能的需求。

本书文字浅显、语言精练、图文并茂、通俗易懂，不仅可以作为人力资源管理者、招聘专员、项目经理、猎头及HR新手、政府人事工作者及职业院校人力资源管理专业的在校学生学习、提升的手册和日常管理工作的"小百科"，还可以作为相关培训机构开展人力资源管理培训的参考资料。

图书在版编目（CIP）数据

卓越面试官：从入门到精通/胡新桥编著. —北京：
化学工业出版社，2021.5
（人力资源总监管理笔记系列）
ISBN 978-7-122-38593-2

Ⅰ.①卓…　Ⅱ.①胡…　Ⅲ.①企业管理-招聘
Ⅳ.①F272.92

中国版本图书馆CIP数据核字（2021）第032010号

责任编辑：陈　蕾　王春峰　　　　　　装帧设计：尹琳琳
责任校对：刘　颖

出版发行：化学工业出版社（北京市东城区青年湖南街13号　邮政编码100011）
印　　装：大厂聚鑫印刷有限责任公司
710mm×1000mm　1/16　印张14¹/₂　字数221千字　2021年6月北京第1版第1次印刷

购书咨询：010-64518888　　　　　　售后服务：010-64518899
网　　址：http://www.cip.com.cn
凡购买本书，如有缺损质量问题，本社销售中心负责调换。

定　　价：68.00元　　　　　　　　　　版权所有　违者必究

随着现代人才的竞争日益激烈，HR（Human Resource，人力资源）的招聘工作也变得越来越难，因为企业不仅需要优秀的人才，更需要合适的人才。那么，如何通过有效的面试技巧和方法，快速精准地为企业招聘到合适的人才呢？政府机关如何选拔出优秀的公务员充实到政府机关呢？

这就要考验面试官识人、用人的能力和水平，因此需要我们不断探索人才选拔的本质，系统地提升面试技能。面试官是对人力资源部经理、招聘专员、项目经理、猎头等专业面试人员的一种称呼，要求具备一定识人能力，能够根据公司战略、产品特性、业务发展及人才市场供给状况、政府的需求有效地甄选符合要求的专业人员。

很多人会认为面试、招聘本质上不太像人力资源工作。因为HR工作大多都会强调专业性，比如绩效考核、干部管理、薪酬福利，强调规则和系统，似乎显得更为不可替代。实际上，招聘也有很多流程，但是不同之处在于面试是完全在和人打交道的工作。从这个角度看，面试官要具备某些特质，特别是对于长期从事这个岗位的人有一些特殊的要求。面试官要比别人敏锐，这也可以称为人际关系中的理解力和洞察力。当面试官看到优秀人才的时候，会想尽一切办法将其吸引到组织中来，一旦成功了，会有强烈的成就感，而不仅仅是将招聘当作一个任务去完成。当然，HR在面试的时候，除了要通过多角度地了解一个应聘者，也要借助一些科学的测评手段。

《卓越面试官：从入门到精通》一书由导读（卓越面试官的角色定

位）和全面了解面试、做好面试的准备、用对面试的方法、设计面试的题目、掌握面试的技巧、成为优秀公考面试官、完成面试评估七章组成。

本书有两个显著的特点：第一，模块化设置，由小提示、实战范本、相关链接、经典案例、情景模拟等栏目组成，以最直观的形式展示相关知识点，便于读者阅读和学习；第二，实操性较强，本书尽可能做到去理论化，以精确、简洁的方式描述所有知识点，满足读者希望快速掌握管理技巧和技能的需求。

本书文字浅显、语言精练、图文并茂、通俗易懂，不仅可以作为人力资源管理者、招聘专员、项目经理、猎头及HR新手、政府人事工作者及职业院校人力资源管理专业的在校学生学习、提升的手册和日常管理工作的"小百科"，还可以作为相关培训机构开展人力资源管理培训的参考资料。

本书由湖北工程学院文学与新闻传播学院胡新桥副教授（知名中国式管理培训专家、鲲之大公考面试创始人）编著，参与文字整理和审稿的还有何边阳博士、来秀明老师、李莲老师、徐明霞老师、王飞老师、胡明亮老师、穆柳杉老师、朱丽媛同学、胡欣怡同学。同时感谢浙江正泰集团高翔先生、武汉华工正源湛垚刚先生、阿里巴巴本地生活的吴柏延先生、湖南思洋科技宋沙先生提供的大量有价值的面试资料。特别感谢中南财经政法大学新闻与文化传播学院的夏雨教授对全书提出了系统性修改建议。

由于编著者水平有限，疏漏之处在所难免，敬请读者批评指正。

编著者

导读　卓越面试官的角色定位

第一章　全面了解面试

做招聘面试容易，要做卓越的面试官则绝非易事，除了需要掌握扎实的专业知识和技巧外，更多的是需要在实践过程练出一双慧眼识人才的"火眼金睛"，这是每一个招聘面试官所应该追求的方向。

第二章　做好面试的准备

面试官在面试正式实施之前，应有计划地进行面试前的准备工作，以有效开展面试活动，提升面试的针对性和有效性，增加甄选的准确度。

第三章　用对面试的方法

前期工作准备到位，然后和应聘者约好时间，就可安心等待应聘者来面试。在面试中，面试官需根据应聘者应聘岗位的不同，进而选择和开发恰当而有效的面试方法。

第四章　设计面试的题目

一套好的面试试题的设计，必须考虑到，既要能使求职者比较充分地发挥出自己的水平，又要能考核出求职者各方面能力，特别是胜任力。

第五章　掌握面试的技巧

　　面试不能仅凭感觉。面试官必须通过特定的问题挖掘自己想了解的信息，比如：如何观察候选人，如何判断候选人所反馈信息的真伪等。所以就需要面试官具备相应的素质和一定的面试技巧。

第六章　成为优秀公考面试官

南宋辛弃疾的《青玉案·元夕》："东风夜放花千树，更吹落、星如雨。宝马雕车香满路。凤箫声动，玉壶光转，一夜鱼龙舞。蛾儿雪柳黄金缕，笑语盈盈暗香去。"考官要做的就是"众里寻他（她）千百度，蓦然回首，那人却在灯火阑珊处"。

第七章　完成面试评估

面试评估是决定应聘者是否录用的依据，应以选才标准及面试评估表为依据，实事求是地进行决策，要少一些主观决策，尤其不能任人唯亲。

卓越面试官的角色定位

面试过程中，面试官的角色认知将决定面试的效果及最终结果。在一个完整的面试活动中，面试官最少扮演着图0-1所示的六种角色。缺少其中一种，都将导致面试过程失败，无法获得被面试者的全面的信息。

图 0-1　面试官扮演的角色

一、提问者

面试官应是一名提问者。面试官需要根据职位要求、候选人的情况，提出若干问题，并深入追问，获得被面试者全面信息，从而有助于判断候选人是否符合职位要求，能否胜任职位，发展潜力如何，并最终做出决策。如果面试官不善于提问，或者没有掌握追问技巧，就有可能难以深入了解被面试者的情况，从而难以做出准确的判断，最终影响人事决策的效果。提问和追问是面试官首先应该具备的能力。

二、聆听者

面试官应是一名积极的聆听者。在面试过程中，面试官应该是20%的时间在提问、追问，80%的时间留给被面试者回答问题，因此，面试官大部分时间都是在聆听。并且面试官需要根据被面试者所提供的信息，提供语言、眼神、微表情等的肯定，鼓励被面试者提供有价值的信息，让其精神放松，也愿意提供真实的信息以供面试官最终判断用。

三、观察者

面试官也应是一名细致的观察者。面试官需要在面试进行时，对被面试者的言语、表情、动作、神态、情绪等进行细致观察，并根据观察的信息进行相互验证，从而判断其所提供的信息是真实的还是虚假的，精神状态是否稳定，心态是否开放等。

四、记录者

面试官必须是一名记录者。通过记录面试过程中，被面试者所阐述的事实、提出的解决方案、典型动作、表情等，帮助后期对被面试者做出判断。面试官尽量用纸笔进行记录，如果有录音、录像等效果会更好。尽量不要通过自己的大脑进行记录，一方面随着时间的流逝，记忆会慢慢模糊，另一方面，记忆有时候可能会欺骗我们，给我们提供错误的信息。只有看得见、听得见的记录才是相对真实的。

五、信息提供者

面试官还应是一名信息提供者。面试官需要给候选人提供用人单位的基本情况、职位情况、职位要求等真实信息，帮助候选人深入了解职业机会，与候选人建立信任关系。当候选人还需要了解用人单位发展战略、企业文化、薪酬福利政策等情况时，面试官也应该根据自己的了解尽可能提供相关的信息，从而有助于相互之间进行判断，避免出现因为信息不够全面而出现错误的判断。

六、评价者

面试官也是一名评价者。面试官需要通过面试过程，深入了解候选人的各种信息，结合职位特征，进行评价，判断候选人是否胜任职位要求，为人事决策提供第一手信息。

面试官在一次面试过程中，同时会扮演许多角色。但对于一次成功的面试，必须做好以上六种角色，缺一不可，否则，都有可能影响面试的效果。

第一章

全面了解面试

导言

　　做招聘面试容易，要做卓越的面试官则绝非易事，除了需要掌握扎实的专业知识和技巧外，更多的是需要在实践过程练出一双慧眼识人才的"火眼金睛"，这是每一个招聘面试官所应该追求的方向。

面试概述

一、面试的概念

面试是通过书面、面谈或线上交流（视频、电话）的形式来考查一个人的工作能力与综合素质，是一种经过组织者精心策划的招聘活动。通常，面试指在特定场景下，以面试官对应聘者的交谈与观察为主要手段，由表及里测评应聘者的知识、能力、经验和综合素质等的考试活动。

二、面试的目的

面试的目的就是进行人才测评，如图1-1所示。

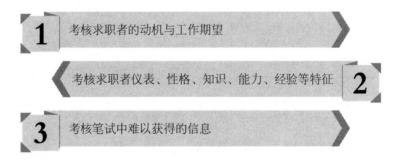

1 考核求职者的动机与工作期望

考核求职者仪表、性格、知识、能力、经验等特征 **2**

3 考核笔试中难以获得的信息

图1-1　面试的目的

三、面试的形式

面试形式多样，依据面试的内容与要求，大致可以分为表1-1所示的几种。

表1-1 面试的形式

序号	形式	具体说明
1	问题式	由招聘者按照事先拟订的提纲对求职者进行发问，请予回答。其目的在于观察求职者在特殊环境中的表现，考核其知识与业务，判断其解决问题的能力，从而获得有关求职者的第一手资料
2	专场式	由用人单位组织专场招聘会，由用人单位面试官代表对多位甚至大量应聘者进行海选，从中选出符合用人单位要求的多位应聘者进行之后的面试，此方式适用于对应聘者的初筛。如：校招专场
3	压力式	由招聘者有意识地对求职者施加压力，就某一问题或某一事件进行一连串的发问，详细具体且追根问底，直至求职者无以对答。此方式主要观察求职者在特殊压力下的反应、思维敏捷程度及应变能力
4	随意式	即招聘者与求职者漫无边际地进行交谈，气氛轻松活跃，无拘无束，招聘者与求职者自由发表言论，各抒己见。此方式的目的为在闲聊中观察应试者谈吐、举止、知识、能力、气质和风度，对其做全方位的综合素质考查
5	情景式	由招聘者事先设定一个情景，提出一个问题或一项计划，请求职者进入角色模拟完成，其目的在于考核其分析问题、解决问题的能力
6	综合式	招聘者通过多种方式考查求职者的综合能力和素质，如用外语与其交谈，要求即时作文或即兴演讲，或要求写一段文字，甚至操作一下计算机等，以考查其外语水平、文字能力、书面及口头表达等各方面的能力

小提示

表1-1是根据面试种类所做的大致划分，在实际面试过程中，招聘者可能采取一种或同时采取几种面试方式，也可能就某一方面的问题对求职者进行更深层次的考查，其目的在于能够选拔出优秀的人才。

四、面试的种类

按不同的划分标准，可将面试分为不同的种类。

1.按面试的标准化程度分类

按面试的标准化程度来分，可分为图1-2所示的三类。

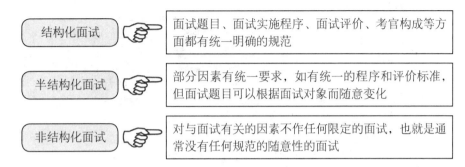

结构化面试	面试题目、面试实施程序、面试评价、考官构成等方面都有统一明确的规范
半结构化面试	部分因素有统一要求，如有统一的程序和评价标准，但面试题目可以根据面试对象而随意变化
非结构化面试	对与面试有关的因素不作任何限定的面试，也就是通常没有任何规范的随意性的面试

图1-2　按面试的标准化程度进行分类

2.按面试实施的方式分类

按面试实施的方式来分，可分为表1-2所示的四类。

表1-2　按面试实施的方式进行分类

序号	类别	优点	缺点
1	一对一	能使应聘者的心态较为自然，话题往往能够深入，话题容易控制	易受主试者的知识面限制，考查内容往往不够全面，而且易受主试者个人感情的影响
2	多对一	能够给应聘者提供更多的时间和机会，使面试能进行得比较深入	可能会给应聘者带来压力、紧张，影响到发挥
3	一对多	效率高，便于同时对不同的应聘者进行比较	评价角度单一，应聘者相互影响；且对面试官技能要求较高，对于较隐私的问题不便询问
4	多对多	效率高	应聘者相互影响，成本高，对于较隐私的问题不便询问

3.按面试的进程分类

按面试的进程来分，可以将面试分为一次性面试和分阶段面试。分阶段面试一般分初试、复试两个阶段，如图1-3所示。

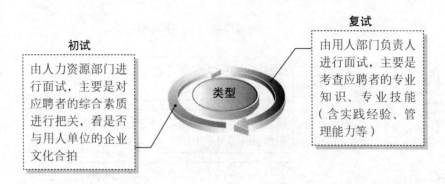

图 1-3　分阶段面试的类型

当应聘人员为部门主管级以上人员（含主管级）及特殊岗位人员（如技术、财务、法务等）时，最好由副总/总经理与用人部门负责人一同复试。

小提示

复试可以隔天安排，也可以接着就进行安排。为了尽快抢到人才，用人单位最好能缩短面试流程，尽量将初试、复试安排在同一天完成。

4.按面试题目的内容分类

按面试题目的内容来分类，面试可分为经验性面试和情景性面试，如图1-4所示。

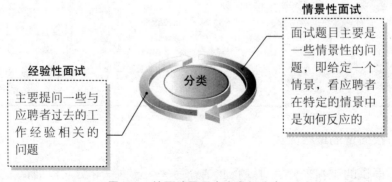

图 1-4　按面试题目内容进行分类

面试官的职责

一、企业招聘团队的组成

一般来说，招聘人员团队应由人力资源部门和用人部门选派的成员组成，有的大公司还有总经理、董事会代表、工会代表、人力资源管理专家等。

1.招聘HR

人力资源部门在收到用人需求后，招聘HR（Human Resource，人力资源）需要发布招聘信息，之后才会收到求职者投递的简历。对于这些简历，人力资源部应安排员工去筛选、审核，向符合职位要求的求职者发出邀约，初步了解求职者的基本情况。

2.用人部门负责人

当招聘HR对求职者进行了解或面试后，留下来的求职者就要进入复试。这时招聘HR就要退居幕后，让用人部门的负责人来面试人才。因为相关职位所在的部门，其负责人是最了解这个职位的岗位职责和工作内容的，让他们与求职者会面，能有效地了解求职者的专业技能和工作水平。

3.HR经理/总监

人力资源部就是负责人才招聘的，人力资源总监或者是人力资源经理，就是招聘工作的一线指挥员。通常，他们会先与求职者会面，负责首轮面试把关，确保初试成效，从幕前到幕后，统筹兼顾，组织安排并主持整个人才招聘工作。

4.总经理或企业老板

很多企业的老板或总经理认为，自己是企业的一把手，有更重要的事等着自己去做，招聘人才这样具体的事情，由人力资源部门负责就行了。对于一般岗位的人才，确实可以由人力资源部门负责招聘。但对于一些中高层管理人才，总经理或企业老板必须要加入招聘团队中来，直接选拔人才。

小提示

在人才招聘过程中，用人部门主要从专业角度出发，多方面、深层次地测试申请者的资格，而人力资源部门以及其他利益相关者更多是扮演支持帮助者、建议者和监督者的角色。

二、国考面试团队的组成

《公务员录用面试组织管理办法（试行）》第二十九条规定："面试时，应当成立面试考官小组。面试考官小组一般由7名考官组成，其中设主考官1名。"

根据历年各地组织的国考来看，面试考官小组一般由7或9人组成，组长为主考官。考官分别由组织人事部门、专家学者或招考单位人员担任。其中，组织人事部门派出的考官要占相应多数。也就是说，假如设立7位考官，则用人单位最多为3名；如果设立9个考官，则用人单位最多为4名。

三、企业面试团队的职责

面试官是企业人才流入的质检员，合格的面试官的直接产出就是为企业招聘到优秀的人才，创造卓越的人才价值；不合格的面试官无法对人才进行严格把关，不合格员工就像没有质检把关的"问题产品"一样流入企业，而后又很快地大量流失，带来更大的直接和间接的经济损失。由此可见，面试官是创造企业人力资本价值的关键的一环。

参与企业面试的人员有人力资源专业人士和用人部门直接领导，分别称之为专业面试官和业务面试官，二者组成了企业人才评估与选择的双重把关环节。

专业面试官与业务面试官因角色与分工的不同，决定了二者不同的职责，具体如图1-5所示。

| 专业面试官在企业的选人中重点关注人员与文化、人员与组织的匹配，在人员面试决策中有建议权和否定权 | 业务面试官在面试中重点关注人员的专业能力、人员与团队的匹配度，在人员面试决策中有一定的决策权 |

双重选人把关

专业面试官	业务面试官
·专业面试官指人力资源部招聘人员 ·主要职责是建立人才选用标准，完善招聘流程、面试方法，为业务面试官提供招聘与面试专业支持	·业务面试官为职业经理人应承担的角色职责 ·主要职责是参与招聘，承担候选人的专业技术与素质面试与评价工作，对人才选用做出科学决策

图 1-5　专业面试官与业务面试官的分工与协作

 相关链接

招聘过程中HR与用人部门的职责分工

1.用人部门的职责

招聘面试过程中，用人部门主要职责如下表所示。

招聘面试过程中用人部门的职责

序号	职责	具体说明
1	向HR提出招聘的需求	用人部门要根据年初的人力资源规划或者计划、业务的需要提出招聘申请，请HR在合适的时间内展开招聘工作，把需要的人员招聘到位
2	编制职位说明书	提出招聘申请的时候，业务部门要根据大的环境和公司以及部门的实际需要，把拟招聘岗位的职位说明书重新优化一下。不能使用之前的职位说明书，尤其是职位说明书已经多年没有更新，那么以此为基础展开招聘是不可能招聘到合适的候选人的，毕竟现在形势是千变万化的

续表

序号	职责	具体说明
3	面试候选人，进行必要的专业技能测试	用人部门面试的时候选择侧重于岗位所需的专业技能的测试，可以根据岗位职责和候选人的从业经历，有针对性地设计一些专业技能方向的问题，在面试的过程中围绕着候选人的关键经历展开面试，这样会显得公司的面试比较专业一些
4	参与录用决策	在整个招聘面试过程结束的时候，面试官要针对所面试的候选人进行沟通，鉴别出来哪些人是最佳的、哪些人是最合适、哪些人是备选的。这样能保证招聘面试的效果，不至于出现最佳人选没来，无人可用的情况
5	参与向候选人传递信息	由于面试是一个交流的过程，不管是面试官心仪的还是不满意的候选人，他们都有可能会通过各种渠道联系到面试官，比如通过公司的总机转分机的形式。当候选人问询他们的面试结果的时候，面试官回答一定要有分寸，避免过于直接和确定地给出答案。毕竟招聘面试不结束，不一定会有最终答案

2.人力资源部门的职责

招聘面试过程中，人力资源部门的主要职责如下表所示。

招聘面试过程中人力资源部门的职责

序号	职责	具体说明
1	规划招聘的过程	招多少人，从哪里招，谁来面试，招聘周期多长时间，怎么试用等，都需要预先设计，而不能想到什么做什么。这些是HR的基本功，必须在人力资源规划的基础上，认真组织每一次的招聘过程，一是节约时间，二是提高效率
2	组织招聘的实施	规划好招聘的套路之后，在执行的过程中，要按照计划实施，如果出现意外情况，也能够灵活应对。目的是为保证合格候选人经过公司的招募流程，如期进入工作岗位展开工作，保证业务的正常开展
3	资格验证及进行素质能力测评	招聘人员的任职条件要根据公司和部门的要求严格审查，并做好基本的能力测评工作，如有些单位需要一些专业的资格证书，在面试的时候要进行审核，如果需要做性格测评，也一并执行

续表

序号	职责	具体说明
4	参与录用决策	HR要跟用人部门的面试官一同探讨面试过的候选人，鉴别出来哪些人是最佳的、哪些人是最合适的、哪些人是备选的，保证面试的有效性
5	向候选人传递信息	预约候选人初试、复试、终试、体检、入职等工作，一般情况下都是人力资源部门的工作，最好这些信息的发布统归人力资源部门，显得公司的招聘工作比较专业
6	确定入职事项及发放录用通知	薪酬谈判和入职试用，以及发放录用通知是人力资源部门的专有工作
7	评价招聘的过程	整个招聘过程结束后，人力资源部门要进行复盘，看看哪些地方做得好，哪些地方做得不好，以便下次展开招聘工作的时候，提高效率和招聘的有效性

四、国考面试团队的职责

根据《公务员录用面试组织管理办法（试行）》第二十一条规定："根据面试工作需要，配备计分、计时、核分、引导、技术保障和安全保障等相关工作人员。每个面试室应当配备1名监督员。"

在国考面试过程中，不同的职位，所担负的职责也不一样。

下面提供一份××市公务员招考面试考官及工作人员职责的范本，仅供参考。

实战范本

面试考官及工作人员职责

一、主考官职责

（1）全面负责本面试考室（场）的面试工作，主持对考生的面试和提问，严格按照规定的时间和程序进行。

（2）负责指导其他考官，明确面试的程序及要求，保证面试公正、公平。

（3）协调处理面试中出现的问题。

（4）负责考生面试成绩的审核认定并签字确认。

二、面试考官职责

（1）考官在主考官领导下开展面试工作。

（2）每个考官须不受干扰、公正独立地完成评分工作。

（3）认真听取考生回答问题，给分得当，准确填写面试评分表并签字确认。

三、候考室考务人员职责

（1）面试当天组织考生进入候考室，对考生进行资格复审，核对考生准考证、身份证等是否符合要求并与本人相符。

（2）组织考生抽签确定面试顺序并登记确认。

（3）维护候考室秩序，杜绝考生与外界发生任何联系。

（4）统一管理考生通信工具。

（5）为考生提供相关后勤保障服务。

四、引导员职责

（1）按照主考官的指令，引领考生进、出考场。

（2）开始面试后，引领考生进入考场并向面试考官报告考生面试顺序号，协助候考室考务人员核对考生身份。

五、计时员职责

负责面试计时。严格掌握考生面试的规定时间，及时进行时间提醒。

六、记分员、监督员职责

（1）负责对面试全过程的监督，确保面试按照规定程序和要求进行。

（2）向考生送、收面试题，向考官送面试题本、面试评分表等。提醒考官在面试评分表上写清考生次序号。

（3）负责收取每位考官的面试评分表。

（4）对监督员收取的每位考官面试评分表的评分进行复核，然后准确计算出考生最后得分（小数点保留2位），填写面试成绩汇总表。如发现差错，应立即予以更正。

（5）负责对考生的最终成绩进行复核。

（6）负责回收、清点面试题和面试题本。

面试官的职业素养

正所谓"千里马常有，而伯乐不常有"，面试官作为人才招聘的关键角色，其职业素养的高低关乎着企业能否招聘到所需人才，因此，面试官应具有如图1-6所示的基本职业素养。

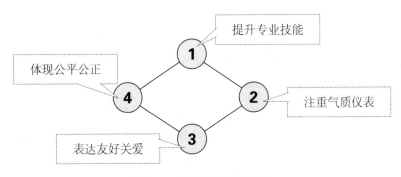

图1-6　面试官的职业素养

一、提升专业技能

具有相关的专业知识及技能是面试官应具备的基本素养。在面试过程中经常会遇到需要对应聘者知识水平进行判断的情况，而提出关于相关专业知识的问题，也是面试技巧的一种表现形式，体现了面试官对所招聘岗位的了解与熟知。同时作为一名面试官，其人力资源管理技能是十分必要的，无论是面试时的提问技巧，还是对应聘者组织行为上体现出的人格品质的洞察力，都会帮助面试官挑选出更加合适的人才。

二、注重气质仪表

面试官作为企业招聘时的形象代表，不光是个人形象的体现，同时也是企业形象的展示。面试官衣着得体、举止有礼能够给应聘者一种被重视的感觉，也能抓住应聘者的心理，体现出优秀的企业形象与文化。反之，面试官的随意着装与举止不当，不光给自己的形象造成不良影响，使应聘者感到面试的随意性，同时会损害企业的形象，因为应聘者对企业文化与形象的第一印象就来源于面试体验。一名合格的面试官，其优秀品质的体现就在于对工作的态度，尤其是为企业招聘人才时的态度，得体的着装、礼貌的举止等都会给企业形象带来一定程度的提升，提高企业对人才的吸引力。

三、表达友好关爱

提升面试官的亲和力不光能给应聘者一种良好的面试氛围，同时能够缓解面试者的压力，使面试者容易发挥出其真实的能力。友好关爱的体现，是一种人文的关怀体现，同样会反映出面试官个人素质和企业形象。所以，面试官的关爱友好不光能体现出其亲和的态度，同时还能体现出企业的工作氛围与同事之间的关系，由此不仅能够增加应聘者对企业的好感，提升企业的吸引力，也能够使面试官与应聘者在互动方面更加灵活自由，不受拘束。

四、体现公平公正

面试官的公平公正在面试过程中是十分重要的。每一个面试者都想、也都应得到公平公正的对待。面试官不可因为个人的喜好，应聘者的外表、衣着、工作经历等非评价因素影响评价的结果。公平、客观地评价应聘者，能以独立第三者的角度去评价应聘者的品德、素质是十分必要的。同时面试官能否做到客观、公平公正，将决定面试的效果及信度，影响面试的成功与否。公平公正的态度给应聘者以良好的企业印象，使更多的人才愿意加入如此的企业当中，提升企业形象，提升企业在社会上的公信力，为企业吸引到合适的人才添加筹码，由此提升企业的核心竞争力。

相关链接 〈

名企的面试官管理

1.龙湖地产的面试官管理体系

作为房地产行业的管理标杆企业，偏重精英人才的招聘策略是龙湖地产快速成功的核心因素之一。从操作角度讲，要想获得高质量的人才，必须具备高质量的招聘流程、方法以及能够熟练运用这种流程、方法的人。面试官是承担实施招聘流程、掌握和运用方法的人员，是影响能否选到精英人才的关键因素。

龙湖地产有较完善的面试官培养和管理要求，对面试官的选拔有清晰的标准，在面试官的训练方面亦有较深的应用。面试官培训注重面试与人才评估技能提升，让经理人审视自己面试态度和面试专家面试态度的比较，以此来促使经理人自我反思并改进面试态度，确保管理人员对面试的重视度和参与度。龙湖为此还制定了详细的面试官资格管理规定，以确保面试官面试的质量及可持续性，具体如下所示。

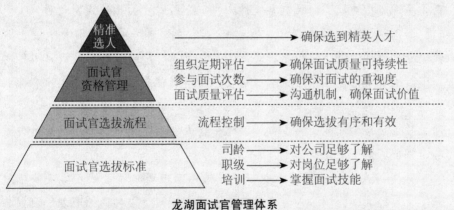

龙湖面试官管理体系

龙湖面试官选拔标准

项目	初试官	复试官
司龄	半年以上	1年以上
职位等级	3级以上（主管或业务骨干）	5级以上（部门经理或同级人员）
面试技能	接受过公司组织的招聘面试技巧培训	接受过公司组织的招聘面试技巧培训

龙湖面试官资格管理

项目	初试官	复试官
定期评估	每半年进行一次	每1年进行一次
独立面试资格	参与面试次数不少于20人次	参与面试次数不少于20人次
资格取消	复试通过率低于30%	总经理（董事长）交流通过率低于30%

2.华为的面试官管理

华为招聘七大原则中的第四原则是招聘人员的职责等于对企业负责和对应聘者负责，明确面试官既要对企业负责，也应对应聘者负责，要树立"优秀不等于合适，招进一名不合适的人才是对资源的极大浪费"的观念。为了保障人员招聘的实际效果，华为公司建立了一个面试资格人管理制度，对所有的面试官进行培训，合格者才能获得面试资格。而且公司每年对面试官进行资格年审，把关不严者将取消面试官资格。华为认为，招聘人员是公司招聘人才的第一道门槛，如果这些人自身素质都很一般，那么是不可能指望他们能独具慧眼地选拔出公司需要的优秀的人才的。

华为面试官分为由经验丰富的HR担任的资格审查面试资格人、由各领域专家担任的技术/专业面试资格人和由部门行政管理团队成员担任的综合面试资格人，其中面试官一般要比所聘岗位高二级。此外，所有面试资格人都要通过面试流程/政策、面试方法/工具、面试技巧的培训，并通过考核合格后才能上岗。如果面试资格人在招聘质量回溯中没有达到要求，将被取消面试资格。

华为的人力资源招聘专业任职资格标准中明确了面试资格人队伍建设的行为标准，强调了人力资源专业面试官的职责，具体如下表所示。

华为人力资源专业面试官的行为标准

序号	职位	职责
1	一级工程师	1.面试的组织（核心项） ①了解国家有关的劳动用工法律法规和公司的人力资源管理有关招聘的政策、面试考核的流程 ②准确理解公司用人政策和基层岗位员工的用人标准 ③协助设计一般的面试方案

续表

序号	职位	职责
1	一级工程师	2.面试考核（核心项） ①准确处理应聘材料和分流 ②基本掌握基本面试考核的方法和技巧，获得面试资格人资格，协助对基层或普通岗位的应聘者进行面试考核 ③对公司企业文化、组织机构、主要产品等做一般性的解释说明
2	二级工程师	1.面试的组织（核心项） ①了解国家有关的劳动用工法律法规和公司的人力资源管理有关招聘的政策、面试考核的流程 ②准确理解公司用人政策和基层岗位员工的用人标准 ③独立设计一般的面试方案 2.面试考核（核心项） ①准确处理应聘材料和分流 ②较为熟练地掌握基本面试考核的方法和技巧，获得面试资格人资格，独立地对基层或普通岗位的应聘者进行面试考核 ③对公司企业文化、组织机构、主要产品等做一般性的解释说明 ④较好地控制面试现场与过程
3	三级工程师	1.面试的组织（核心项） ①熟练掌握国家或当地有关劳动用工法律法规和公司的人力资源管理有关招聘的政策、面试考核的流程 ②准确理解公司的用人政策，以及各类中基层岗位的用人标准 ③根据应聘人的具体特点进行面试策划，有针对性并有效设计面试考核方案 2.面试考核（核心项） ①获取面试人资格，能灵活地运用面试技巧，独立地对中基层人才进行面试考核 ②掌握各类面试考核方法，有效地、有针对性地使用多种面试方式方法与技巧 ③较透彻地理解公司企业文化，对应聘者就公司核心价值观、组织机构、主要产品、发展愿景等进行分析说明 ④有效地控制面试考核现场与过程，有效地处理应聘者情绪性反应

续表

序号	职位	职责
4	四级工程师	1.面试考核（核心项） ①灵活运用各种方法对高级人才进行有效的面试，并能做出令人信服的判断 ②开发面试考核培训教材，为其他面试资格人提供咨询 ③引进有效的面试工具与手段，结合公司实际情况总结适合公司的面试方法与方式 ④透彻地理解，正面有效地宣传公司企业文化 ⑤具有较为突出的组织安排、沟通、协调、谈判等招聘工作所必需的管理能力 2.招聘效果的评估（核心项） 对公司全年的招聘工作以及专项大型招聘活动进行综合效果评估，并提出进一步改进建议 3.招聘渠道的建设（核心项） ①拓展招聘渠道，建立招聘信息收集网络 ②对人才基地建设提供有效的指导

 相关链接 〈

国考对面试考官的要求

《公务员录用面试组织管理办法（试行）》对国考面试官有一定的要求，具体如下：

第十八条 面试考官应当具有良好的政治素质，有比较丰富的人事管理、人才测评等方面的经验或具有一定年限的机关工作经历，品行优良，公道正派，自觉遵守法律法规，严守工作纪律，恪守行为规范。

担任面试主考官的，除具备上述条件外，还应当能够讲普通话，口齿清晰，表达流畅。

第十九条 担任面试考官前一般应当参加省级以上公务员主管部门专门培训，培训时间不得少于16学时。培训后，经考试考核合格的颁发面试考官资格证书。

第二十条 省级以上公务员主管部门应当对面试考官参加培训情况、面试场次数量和行为表现以及廉洁自律情况等建档登记；对履职情况进行定期评估。评估结果不合格的，不得继续担任面试考官。

第二十二条　面试工作人员应当具有良好的政治素质、思想品德和较高的业务能力，能够认真履行职责，遵守有关规定，做到廉洁自律。

第二十三条　面试工作人员应当接受必要的培训，熟悉面试工作要求和流程。

【情景模拟】▶▶▶

HR：喂，您好！请问是何××先生吗？

何先生：我是，请问你是哪位？

HR：您好，我是武汉市××公司人力资源部的招聘专员，我姓穆，您现在说话方便吗？

何先生：哦，你说吧。

HR：我们在智联招聘收到您投递的简历，是应聘网络工程师岗位的，您还记得吗？

何先生：哦，记得。

HR：您的简历我们已经仔细阅读过了，我们觉得从您发过来的简历内容上来看，和我们目前这个岗位的要求还是很匹配的，想和您约个时间到公司来进行一个当面的沟通，同时您也可以对我们公司做一个进一步的了解，您看明天上午八点您有没有时间？

何先生：哦，可以的。

HR：我们公司的地址是在××××××，您可以乘坐××路、××路公交车到×××站，或坐地铁到××站，面试时间为明天上午八点，请准时参加。如果有其他的事情请提前打这个电话和我们沟通，如果我不在位子上的话，请告知我的同事也可以，我的同事会及时将您的信息转达给我。那您方便记录我们公司的地址吗？

何先生：我这边不是很方便记录，你能发短信给吗？

HR：哦，可以的，何先生，过一会儿，我把我们公司的地址发到您的手机上，注意查收，收到后请回复我一下，谢谢！

何先生：好的，谢谢！

HR：不客气，我们明天准时见，再见！

第二章

做好面试的准备

导言

　　面试官在面试正式实施之前，应有计划地进行面试前的准备工作，以有效开展面试活动，提升面试的针对性和有效性，增加甄选的准确度。

第一节
招聘需求分析

招聘需求分析对整个招聘工作来说非常重要，它对招聘工作的整个流程起到引导作用，是招聘开展前最基础的准备。只有在招聘前进行详细的招聘需求分析，才能找到适合本单位的人才。

一、招聘需求的产生

招聘需求是指企业在发展过程中，为实现战略目标和阶段性任务而产生的人员招聘需求，其来源如图2-1所示。

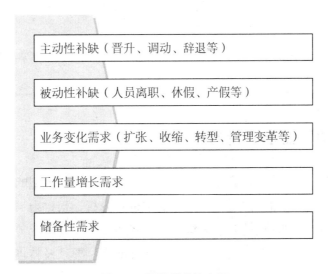

主动性补缺（晋升、调动、辞退等）

被动性补缺（人员离职、休假、产假等）

业务变化需求（扩张、收缩、转型、管理变革等）

工作量增长需求

储备性需求

图2-1 招聘需求的来源

企业根据其经营的目的产生招聘需求，并且在不同的阶段，招聘的需求各不相同。一般包括初创期、成长期、稳定期、衰退期等四个阶段，如图2-2所示。

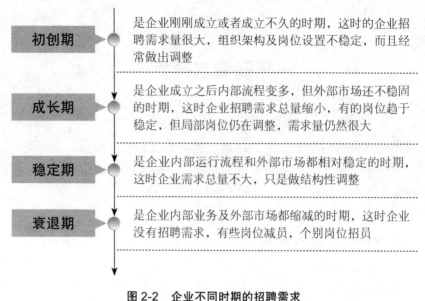

初创期 — 是企业刚刚成立或者成立不久的时期，这时的企业招聘需求量很大，组织架构及岗位设置不稳定，而且经常做出调整

成长期 — 是企业成立之后内部流程变多，但外部市场还不稳固的时期，这时企业招聘需求总量缩小，有的岗位趋于稳定，但局部岗位仍在调整，需求量仍然很大

稳定期 — 是企业内部运行流程和外部市场都相对稳定的时期，这时企业需求总量不大，只是做结构性调整

衰退期 — 是企业内部业务及外部市场都缩减的时期，这时企业没有招聘需求，有些岗位减员，个别岗位招员

图 2-2　企业不同时期的招聘需求

> **小提示**
>
> 因劳动合同的履行、变更、解除、终止等产生的招聘需求，在企业运行周期的各个阶段都会发生。

二、招聘需求分析的概念

招聘需求分析是指企业在招聘员工时所需要的人才类型的综合分析，就是通过对本企业人力资源配置状况和需求进行分析，根据内、外部环境的变化，确定人员需求。招聘需求分析是一项系统工作，要求在特定的发展阶段和文化背景下，根据变动的市场环境和弹性的岗位要求及特点，实现企业对人员需求的及时调整。

三、招聘需求分析的基础

招聘需求分析的过程是建立在以下两项基础性工作基础上的。

1.人力资源规划

人力资源规划是对企业内外环境进行分析，确定人力资源需求和供应的过程。根据人力资源规划的结果能够确定企业究竟缺哪些岗位。

2.工作分析

分析企业中该岗位的责任是什么？以及什么样特点的人才能胜任这一岗位？工作分析的结果，能够使管理者和招聘人员了解什么样的人应该被招聘进来填补这些空缺。

四、招聘需求分析的步骤

一般来说，招聘需求分析可按图2-3所示的四个步骤来进行。

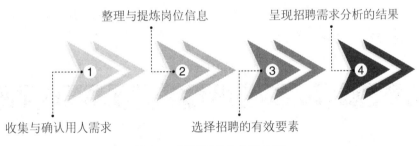

图2-3　招聘需求分析的步骤

1.收集与确认用人需求

收集与确认用人需求主要包括表2-1所示的几项内容。

表2-1　收集与确认用人需求

序号	主要工作	具体说明
1	了解行业和公司信息	除了自己预先了解行业和公司业务信息之外，也需要关于这两部分的内容对用人经理进行访谈
2	了解部门和团队信息	了解部门架构和团队成员的情况及招聘来源渠道，看看分工是否合理，看看招聘是否必要，如果这些信息有亮点，还可以总结成职位的吸引点

序号	主要工作	具体说明
3	了解职位信息	职位的关键绩效指标（KPI）、具体工作职责及项目、职位的吸引点、新人上岗之后可能遇到的困难或挑战（有哪些培训或其他资源能够帮助）、职位发展空间、薪酬福利等，都需要详细了解。招聘人员必须要问清楚用人经理，职位的吸引力在哪
4	询问招聘标准和访寻方向	询问招聘标准或者人才画像，具体可以通过以下六个维度进行探究：基本情况、专业技能、价值观、行为习惯、性格特性及市场定位。在人才画像过程中，招聘人员要全程保持与用人部门的紧密互动，确保双方对目标候选人认知的一致性

2. 整理与提炼岗位信息

招聘人员通过从用人部门收集来的需求信息，以及现有的职位说明书、组织结构、团队结构、用人机制等资料，可以整理提炼出岗位的有效信息，主要包括表2-2所示的内容。

表2-2　整理提炼岗位的有效信息

序号	有效信息	具体说明
1	岗位诉求	基于需求甄别阶段与用人部门的深入交流，招聘人员与用人部门已经对候选人到来后要解决的问题，可能遇到的困难和挑战，达成一致共识
2	组织定位	具体指在企业现行组织架构中，招聘需求职位所处的层级、承担的职责、协作汇报关系等
3	企业环境	（1）硬环境：候选人可以显性感知的，具有客观量化评价指标的，包括薪酬福利、地理位置、公司规模、行业地位、品牌知名度等 （2）软环境：企业特有文化、团队行事风格以及直接领导管理风格 通过对企业环境的分析，一是知晓企业自身在市场中的竞争优势，二是清晰企业需求人员的特质要素，做到价值观匹配
4	外部环境	外部环境分析，侧重从整个行业视角，看待招聘需求职位的情况，包括人才供给情况、薪酬水平以及人群特性等，明晰人才竞争情况

3.选择招聘的有效要素

通过对招聘岗位信息的整理和提炼，形成企业的招聘需求。但这种需求是一种理想状态，企业需要的不是完美的人，而是最适合的人。所以，必须提前考虑企业的实际需求，具体内容如图2-4所示。

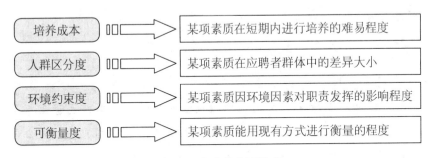

培养成本	⇒	某项素质在短期内进行培养的难易程度
人群区分度	⇒	某项素质在应聘者群体中的差异大小
环境约束度	⇒	某项素质因环境因素对职责发挥的影响程度
可衡量度	⇒	某项素质能用现有方式进行衡量的程度

图 2-4 企业的实际需求

4.呈现招聘需求分析的结果

完成招聘需求分析后，需要呈现出招聘需求，即把人才画像呈现出来。具体可以通过表2-3所示的六个维度进行描述。

表2-3 描述人才画像的维度

序号	维度	具体说明
1	基本情况	包括个人教育情况、行业从业经历、同类型岗位工作经历等
2	专业技能	基于要解决的实际问题以及面临的困难和挑战进行反向推定。例如企业在面临物业服务品质提升的难题时，候选人必备的能力一定要有标准化服务体系构建落地能力、客户需求挖掘能力、定制化产品能力等
3	价值观	根据公司特有的企业文化、团队结构及直接领导管理风格提炼融合要素
4	行为习惯	包括工作计划、时间管理、主动学习等。尤其在这个快速迭代的时代，好的行为习惯一定是工作效率倍升的基础
5	性格特性	重点关注团队协作能力、情绪管理能力以及人际关系处理能力
6	市场定位	明确需求职位的市场薪酬水平和对应的薪酬分位值，并清晰目标群体的聚集范围，绘制人才地图

在做人才画像过程中，招聘人员要全程保持与用人部门的紧密互动，确保双方对目标候选人认知的一致性，只有这样才不至于出现评价不一的情况。

经典案例

一次失败的招聘

【公司背景】

××公司是国外××公司在中国投资的独资子公司，主营业务是为电信运营商提供技术支持，提供手机移动增值服务，手机广告。该公司所处行业为高科技行业，薪水待遇高于其他传统行业。

公司位于××市繁华商业区的××写字楼，对白领女性具有很强的吸引力。总经理为英国人，在中国留过学，自认为对中国很了解。

目前，公司因发展需要，需从外部招聘一位行政助理（女性），可是先后招聘了A和B，都是入职不久就提出辞职。

【被招聘员工背景】

A——23岁，本地人，专科就读于××商学院，后专升本就读于××大学。期间担任过××培训班的英语教师一年。

B——21岁，本地人。学历大专，就读于××广播电视大学电子商务专业。在上学期间曾在两个单位做过兼职：一个为拍卖公司，另一个为电信设备公司。职务分别为商务助理和行政助理。B曾参加过选美比赛，其形象气质均佳。

【公司招聘流程】

（1）公司在网上发布招聘信息。

（2）总经理亲自筛选简历。

（3）筛选标准：本科应届毕业生或者年轻的，最好有照片，看起来漂亮的，学校最好是名校。

（4）面试：如果总经理有时间就由总经理直接面试；如果总经理没时间，由HR进行初步面试，总经理最终面试。

（5）新员工的工作岗位、职责、薪资、入职时间都由总经理定。

（6）面试合格后录用，没有入职前培训，直接进入工作。

【招聘经历】

A——入职的第二天就没来上班。

她的工作职责是负责前台接待。入职当天晚上公司举行了聚餐，她和同事谈得也挺愉快。

自述辞职原因：工作内容和自己预期不一样，琐碎繁杂，觉得自己无法胜任前台工作。

HR对她的印象：内向，有想法，不甘于做琐碎、接待人的工作，对批评（即使是善意的）非常敏感。

B——工作十天后辞职。

B的工作职责是负责前台接待、出纳、办公用品采购、公司证照办理与手续变更等。

自述辞职原因：奶奶病故了，需要辞职在家照顾爷爷（但是当天身穿大红毛衣，化彩妆，曾透露家里很有钱，家里没有人给人打工）。

HR的印象：形象极好、思路清晰、沟通能力强，行政工作经验丰富。总经理印象：商务礼仪不好，经常是小孩姿态，撒娇的样子，需要进行商务礼仪的培训。

【点评】

招聘行政助理连续两次失败，这一定不是偶然，经过分析，得到直接影响这次招聘失败的原因主要如下：

1. 总经理决策方面

首先，在招聘过程中总经理干涉过多，没有充分授权给人力资源部门，包办了HR筛选简历的任务。其次，他不懂中国国情自然就会让不适合的人被选进来，而适合的人才可能就在筛选简历的环节被淘汰了。

对于这种基层员工招聘，总经理应该把权力完全授给熟悉国情的HR，他在这次事件中应该负主要责任。

2. 甄选方法方面

在招聘行政助理时，公司没有根据行政助理这个岗位的任职资格制定结构化的甄选标准，而只是凭面试官的直觉进行甄选，这样造成了招聘过程中的不科学。因为面试官会在面试过程中受到归类效应、晕轮效应、自我效应和个人偏见（地域，血缘，宗教信仰等）的影响。

案例中总经理就对相貌、毕业院校和是否应届带有明显偏见。没有考虑应聘的人是否和企业的文化、价值观念相吻合，是不是真正具备了工作需要的知识、能力、性格和态度。

3.招聘流程方面

该公司在招聘过程中少了选择测试和入职前培训这两个重要步骤。公司通过选择测试基本上能测试出应聘者的性格特征和价值取向。

如A的性格内向，而且心态高不踏实，不愿做琐碎繁杂的工作，与做前台工作需要的性格和心态相差甚远。这样盲目让她做前台工作造成了她的离职。通过测试同样能测出B的价值观与企业文化不符，这样就能在测试阶段把她们淘汰，从而节省招聘的成本。

入职前的培训对加入公司的员工很重要。因为通过入职前的培训能够给新员工灌输公司的企业文化和价值观念，可以帮助新员工树立正确的工作态度，对工作有更深刻的认识。

如果给A和B进行了系统的入职前培训，完全有可能改变她们本来的价值取向和对工作的态度，她们就有可能不会离职。

第二节
求职简历筛选

在求职过程中，简历就好比是一个企业和求职者的桥梁，为了能顺利找到工作，求职者大多会在简历上花费不少功夫。而从海量的求职简历中筛选出符合本企业要求的简历，是每个面试官必须掌握的技能。

一、简历筛选的标准

对筛选简历来说，如果没有标准，那就要靠招聘人员的个人经验来判断，这样可能会存在主观的因素，并给评估简历留下一些漏洞。因此，在做简历筛选之前，招聘人员必须要了解，要评估一位候选人是否值得被邀约过来面试，其中筛选的标准有哪些。

常见的做法是将简历筛选的标准分为表2-4所示的四种类型。

表2-4　简历筛选的标准

评估项目	加分标准	通过标准	待定标准	排除标准
简历格式	内容翔实，逻辑通顺，重点突出，自我评价具体，职责和贡献描述完整	内容翔实，条理清晰	简历描述太过简单，需要更新	逻辑混乱，语言不通，错别字满篇
求职意向	有明确的求职意向，工资期望符合公司要求	有明确的求职意向	有明确的求职意向，工资期望超过公司规定的范围很多	没有明确的求职意向，工资期望超过公司规定的范围很多
工作经验	符合职位要求	符合职位要求	经验偏少但与产品相关，可培养	与岗位要求差别较大
行业背景	同一行业连续性背景2年以上	2年同行业背景	1年同行业背景	无相关行业背景
产品/项目背景	具有与竞争对手产品及项目相关的经验	产品经验相关度60%	有少量相关产品经验	无相关产品经验
工作连续性、稳定性	工作经历完整，无空档期，工作稳定性高，能在一家公司工作3年以上，基本不怎么跳槽	工作经历完整，无空档期，能在一家公司工作2年以上	有空档期，但是解释合理，稳定性还可以	频繁跳槽，单位平均司龄小于1年
教育背景	全日制本科及以上	全日制大专院校及非全日制本科	中专、高中院校	初中及以下
专业	完全符合职位要求	从属大类符合要求	不符合要求，但综合素质优异	完全不相关专业
技能描述	80%以上符合职位要求	60%符合职位要求	与职位要求略有相关	与职位要求不相关

（1）符合加分标准，说明这份简历是一份非常优秀的简历，这个候选人是值得重点关注和邀约的。

（2）符合通过标准，说明这份简历是一份合格的简历，符合岗位的各方面的要求，也可以被邀约过来面试。

（3）符合待定标准，说明这份简历体现出来的内容存在很多的瑕疵，在候选人充足的情况下，一般不考虑这样的简历，如果候选人不足，那可以约过来面试一下。

（4）符合排除标准，说明这份简历完全不符合岗位要求，可以把这份简历放进排除库。

二、个人信息的筛选

（1）在筛选对硬性指标（如年龄、工作经验、学历等）要求较严格的职位时，如其中一项不符合职位要求，则要快速剔除。

（2）在筛选对硬性指标要求不严格的职位时，结合招聘职位要求，也可以参照表2-5所示的"人在不同的年龄阶段的不同特定需求"进行筛选。

表2-5　人在不同的年龄阶段的不同特定需求

序号	年龄阶段	特定需求
1	25岁及以下	寻求一份好工作
2	26～30岁	个人定位与发展
3	31～35岁	高收入工作（工资、福利、隐性收入）
4	36～40岁	寻求独立发展的机会、创业
5	41岁及以上	一份稳定的工作

三、受教育程度的筛选

（1）在查看求职者上学经历中，要特别注意求职者是否用了一些含糊的字眼，比如有无注明大学教育的起止时间和类别等。

（2）在查看求职者培训经历时要重点关注专业培训、各种考证培训情况，主要查看专业（工作专业）与培训的内容是否对口，可作为参考，不作为简历筛选的主要标准。

> **小提示**
>
> 　　对于技术性较强的职位，是否科班出身、是否具备必要的专业资质和法定的资格证书极为重要。

四、工作经历的筛选

　　求职者工作经历是查看的重点，也是评价求职者基本能力的着眼点，应从以下内容做出分析与筛选。

1.工作时间

　　（1）工作时间方面主要查看求职者总工作时间的长短、跳槽或转岗频率、每项工作的具体时间长短、工作时间衔接等。如在总的工作时间内求职者跳槽或转岗频繁，则其每项工作的具体时间就不太会长，这时应根据职位要求分析其任职的稳定性。如判定其不适合职位要求的，直接剔除。

　　（2）查看求职者工作时间的衔接性，作为筛选参考。如求职者在工作时间衔接上有较长空档时，应做好记录，并在安排面试时提醒面试考官多关注求职者空档时间的情况。

2.工作职位

　　工作职位方面，不仅仅要看应聘者做了哪些事，还要特别关注他在其中担任的角色是什么，承担的责任有哪些。"主持"项目和"参与"项目的责任不同，获得的经验也不同。

　　对应聘者既往工作的角色和职责的判断有两个关键词，如图2-5所示。

3.工作背景

　　关注应聘者既往公司的规模、性质、知名度、行业排名，有助于判断该应聘者的工作经验、专业能力和文化适应性等。

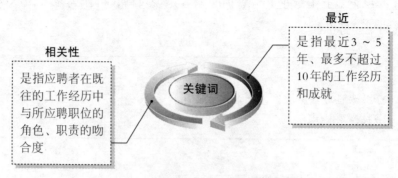

图2-5　判断角色和职责的两个关键词

相关性
是指应聘者在既往的工作经历中与所应聘职位的角色、职责的吻合度

最近
是指最近3～5年、最多不超过10年的工作经历和成就

关键词

比如：一个在外企工作多年的应聘者转到民营企业，可能存在"水土不服"问题；在日企工作多年的应聘者工作风格多偏于严格、服从、执行；从民企出来的应聘者抗压能力和实操能力一般明显强于其他，但可能缺乏高度和深度；在外企工作多年的候选人专业度、职业精神有可能更出色。

4.工作内容

（1）工作内容方面主要查看求职者所学专业与工作的对口程度，如专业不对口，则须查看其在职时间的长短。

（2）结合上述工作时间部分的内容，查看求职者工作在专业上的深度和广度。如求职者短期内工作内容涉及较深，则要考虑简历虚假成分的存在。在安排面试时应提醒面试考官作为重点来考查，特别是对其经历细节方面的了解。

5.工作成就

工作成就方面主要是考查应聘者既往的工作经验和成就是否与所应聘的职位有重叠，是否是企业需要的。重叠较多时，意味着这位应聘者能够迅速进入角色，得心应手地投入工作，较快地满足职位描述的要求。

> **小提示**
>
> 结合以上内容，分析求职者所述工作经历是否属实、有无虚假信息，分析求职者年龄与工作经历的是否匹配。如可断定不符合实际情况，直接剔除。

从简历判断应聘者是否具有实操经验的方法

1. 看细节

如果细节叙述比较多，说明应聘者实战过的可能性较大。如果只是泛泛而谈则不然。

2. 看用词

使用的是专业词汇，特别是业内的俗称而非学术用词，说明应聘者真的熟悉。

3. 看难点

在简历中能够写出项目实施难点或问题的是有实操经验的应聘者，因为成果是公开的，而问题和难点只有真正参与的人才知晓。

4. 看方法

简历中介绍的实现成果的方法独特，参与实操的可能性大。反之，可能来自于书本。

五、个人成绩的筛选

个人成绩方面主要查看求职者所述个人成绩是否适度，是否与职位要求相符，可作为参考，不作为简历筛选的主要标准。

六、全面审查简历的逻辑性

这一步主要是审查求职者工作经历和个人成绩方面，要特别注意描述是否条理、是否符合逻辑、是否具有工作时间的连贯性、是否反映一个人的水平、是否有矛盾的地方，并找出相关问题。

比如，一份简历在描述自己的工作经历时，列举了一些名企和一些高级职位，而他所应聘的却是一个普通职位，这就需引起注意。

HR如能断定简历中存在虚假成分可以直接将此简历剔除；如可判定求职者简历完全不符合逻辑性，也可直接剔除。

 **相关链接**

简历中最容易造假的部分

有机构在进行人力资源趋势调查时，曾经就求职者可能于简历表中提供虚构或不实内容的问题进行调查，调查结果如下表。

简历中虚假或不实内容的相关调查

项目	不实的回答/%	偶尔不实/%	未作答/%
学历	1.3	60.3	38.4
工作起讫时间	33.8	46	20.2
职务内容	23.8	49	27.2
职称	18.5	47.7	33.8
年龄/婚姻	3.3	47.7	49
省略部分经历	55	35.8	9.2
专业能力/技术	25.8	45.7	28.5
待遇	42.4	43	14.6

从上表的统计结果可以看出，求职者如果在简历表中作不实的陈述，最常见的几个项目为：省略部分经历（占55%）、待遇（占42.4%）及工作起讫时间（占33.8%）。

1.省略部分经历及工作起讫时间

通常在工作的衔接之间曾有一些空白、在某些公司服务时间很短暂，或者更换工作频率较高看来有习惯性跳槽倾向的求职者，会将整份简历表的焦点置于他所具备的工作经验、成就及贡献上。这样既看不出每一份工作服务时间的长短，也看不出每一份工作主要的职责所在。

对于换工作频率较高的人员，面试官应该观察其职责是否随着工作的更换而加重？如果答案是肯定的，则这位求职者能力方面应不成问题，只是工作一旦上手后可能很容易就感到缺乏新鲜感而产生倦意，对于这种人你需要不断地给他新的挑战。另外有一些较年长的非主流性求职者，也会因为不想强调过于冗长的工作经历，而选择省略部分经历的做法。这当然是由于近年来整个管理阶层有逐渐年轻化的趋势，使得较年长的求职者担心年龄会成为求职时的绊脚石。用人单位与其考虑求职者的年龄，倒不如考虑其个性，会不会形成日后管理上的问题。此外，其有较多不同领域工作经验的人，也可能会选择省略部分经历，因为这样他可以针对所应征的工作视情况编排简历表，强调不同的重点，借以弥补其在某一项领域上可能不够深入的欠缺（如果采用依照时间排列的履历表，则很容易就看出来其经验上的不连贯或者历练不足）。

一般来说，简历表在工作的衔接部分应清楚写明，如：

"××科技2010年8月～2016年1月，××公司2016年12月～2019年5月。"

但是对这名求职者来说，2016年1月到12月之间有将近一年的空白，因此他可能会这样写：

"××科技2010～2016年，××公司2016～2019年"或者"××科技6年，××公司3年"。

应聘者甚至有可能仅列出公司名称及职称，对于任职时间完全不予交代。以本例而言，这名求职者其实整整少了一年的工作经验，一年的时间不算短，是什么原因造成这样的空白？面试官绝对有必要在面谈时进行深入的探究。

2. 待遇

除了工作与工作之间的衔接外，另一个值得注意的是薪资待遇的问题。当然大多数的求职者并不会主动在简历表上提到待遇，顶多是写上目前的待遇（如果他对于目前待遇还算满意的话），或者期望待遇。但是最好能够掌握求职者的薪资成长幅度，因为事实上这很能反映出求职者的工作能力被前任雇主认可的程度。

有一些公司会内部设计表格，要求求职者填写过去每一份工作的起薪及离职时的待遇。由于求职者对被询问过去的资料敏感度较低，因此填表时一般比较愿意配合，也比较会据实以报，面试官就能很清楚地追溯其薪资涨幅的轨迹，也可推算出他目前要求的待遇是否合理。

另外值得注意的是，求职者的薪资涨幅是否随着晋升或者跳槽而有一个明显的跃升？如果从数字上看不出来，甚至求职者还接受一个待遇较低的工作，则此人的离职原因就相当值得推敲了。

第三节
前期相关准备

在面试之前，招聘人员要做好相关的准备工作，比如约定好时间，布置好场地，安排好座位，准备好资料等。

一、时间安排

面试时间最好安排在双方不受干扰的时间内进行，并在相对集中的时间内连续进行，一次完成。

比如，上午9点到11点，下午2点到4点，这两个时间段都比较合适。招聘者可以在其空余的工作时间处理其他的一些工作，应聘者根据距离远近选择上午或下午，可在路上有充裕的时间，面试时候的状态也相对好一些。

二、场地布置

（1）面试场地应选择安静不会被干扰、相对独立的空间。有些面试官喜欢选择自己的办公室作为面试的场所，但难免遇到意外的电话、工作方面的干扰。因此，一些小型的会议室也可以作为面试的场所。

（2）面试的环境应该舒适、适宜，利于营造宽松气氛。

小提示

握手、微笑、简单的寒暄、轻松幽默的开场白、舒适的座位、适宜的照射光线和温度，以及没有令人心烦意乱的噪声，这些都有利于营造舒适、宽松的气氛。

三、座位安排

面试官和求职者在面试中的座位安排代表着不同的面试风格，会形成不同的面试"气场",影响着双方的现场发挥,导致不同的面试结果。

1.面试官和求职者面对面坐在桌子的两侧

这是最常见的面试座位安排,如图2-6所示。

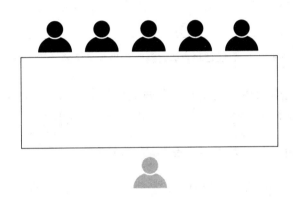

图2-6 面试官和求职者面对面坐在桌子的两侧

这种座位安排的优点是可以很方便地实现面试官和求职者多对一的面试格局,双方可以全方位地捕捉对方的面部表情和肢体语言变化。缺点是面试官处于强势地位,求职者处于较低位置,感觉比较压抑。尤其是在一些领导的独立办公室,作为领导的面试官坐在办公桌后边的老板椅里居高临下,对面是坐在位置较低的椅子上的求职者,这种因位置不同而产生的压抑和不平等的感觉可能更强烈。

一般来说,这种座位安排比较适合面试管理、销售、客服等在工作中需要承受较大压力的人员,尤其适合压力面试,借以考查求职者的抗压能力。要注意的是,这种座位安排不适宜于双方平等交流,不利于那些自信心不足、性格相对内向的求职者发挥水平,所以不建议作为面试座位安排经常使用。

2.面试官和求职者斜对角坐在桌子的相邻两侧

这种座位安排的示意图如图2-7所示。

这种座位安排的优点是面试双方会感觉平等、亲切,容易创造出融洽、友好的交流环境,便于双方敞开心扉交谈,因此可以作为面试座位安排经常使用。

图 2-7　面试官和求职者斜对角坐在桌子的相邻两侧

这种座位安排的缺点是只能适合面试官和求职者一对一的面试，不方便实现面试官和求职者多对一的面试格局；另外这种安排也不适合压力面试。

3.面试官和求职者并排坐在桌子的一侧

这种座位安排的示意图如图2-8所示。

图 2-8　面试官和求职者并排坐在桌子的一侧

这种座位安排的优点是双方距离进一步拉近，甚至达到无拘无束、畅所欲言的地步。一般适用于比较熟悉和亲密的人之间进行，在普通面试中很少采用。

这种座位安排的缺点是只能适合面试官和求职者一对一的面试，不方便实现面试官和求职者多对一的面试格局；另外这种安排也不适合压力面试。

四、工具资料的准备与确认

在面试开始前，面试官手中应有以下材料：

（1）面试程序表；

（2）应聘者个人资料；

（3）面试问题；

（4）面试评价表；

（5）注意事项清单。

五、接待程序安排

在面试前应明确应聘者由谁接待、引导。如果公司有门卫或前台，要提前告知其当天参加面试的人员名单及大概时间，让其予以放行和引导。

【 情景模拟 】▶▶▶ ··

面试官：你到我们公司应聘这个工作岗位是出于什么原因？

应聘者：一是我是有职业梦想的人，你们公司能成就我的职业梦想；二是我是有长远职业生涯规划的人，有自己的短期、中期、长期职业生涯规划，贵公司与我的职业生涯规划很相匹配。

面试官：你想从这一职位中得到一些什么回报？

应聘者：利用自己大学所学的知识为企业发展做出贡献，实现自己的人生价值，给自己一个职业生涯发展和不断进步的机会。

面试官：假如你今天被公司录用，你首先想要做的是什么？

应聘者：我对公司有一些了解，贵公司高级管理层和中层管理人员分工不是很明确，也有很多是多头管理，这样可能会导致管理效率低下，并且责任不明确，这必将导致公司运营和员工工作效能的下降。故此，我首先会着力于明确管理层人员的职责梳理，相信我可以很快发现并解决问题。

面试官：你在工作中能有抗压能力吗？

应聘者：我对工作压力有一定的预期，自身也具备较强抗压能力。大学时期，我担任 ×× 大学 ×× 学院的学生会主席，在繁重的学习任务和繁忙的学生工作的双重压力下仍旧有条不紊地积极工作并得到大家的一致肯定，这就是最好的证明。

面试官：感觉你的数学运算能力不是很好，是什么原因呢？

应聘者：是的，我读高中的时候数学成绩并不好，但我的逻辑分析能力还可以，借助计算机及一些模型，我的分析能力还是可以的，这在我的公开发表的三篇论文中您可以看得到。

面试官：感觉你在上一个工作岗位上工作了很久？

应聘者：我认为干一行爱一行，积累千日定有所获，包括对岗位的理解与个人的沉淀，也包括经验会越来越丰富。

面试官：你打算长期在这个岗位上发展吗？

应聘者：当然是的，这份工作符合我的个人偏好与职业生涯规划，而且它有广阔的发展空间。我要扎根于此，发展自己的事业，和公司共同发展。

面试官：另外我们还想了解一下你的个人业余爱好，比如喜欢什么类型视频节目？

应聘者：我比较喜欢读一些历史书，博古通今，对一些文艺类、时事类的视频节目比较感兴趣，放松之余还可以从中学习一些与时俱进的知识，另外一些新媒体短视频节目，也比较有兴趣。

面试官：你有什么缺点吗？

应聘者：我的缺点可能就是做事过于追求完美，有时这会降低效率并带来一些人际关系的麻烦。

面试官：假如一旦被录用，你将如何规划你的职业生涯？

应聘者：我想我的职业规划会和公司的目标一致，从事专业工作，并在专业的路上好好发展。

面试官：很好，××女士，今天的面试就到这里，我们会在五个工作日内通知你面试的结果。

第三章

用对面试的方法

导言

前期工作准备到位，然后和应聘者约好时间，就可安心等待应聘者来面试。在面试中，面试官需根据应聘者应聘岗位的不同，进而选择和开发恰当而有效的面试方法。

结构化面试

结构化面试能帮助面试官发现应聘者与招聘职位职业行为相关的各种具体表现，在这个过程中面试官可以获得更多有关候选人的职业背景、岗位能力等信息，并且通过这些信息来判断该候选人是否能成功胜任这个职位。因此，进行科学有效的结构化面试，可帮助企业对应聘者进行更为准确的个人能力评估，降低企业招聘成本、提升员工绩效。

一、结构化面试的概念

中国科学院研究员时勘教授将结构化面试（Structured Interviewing）的概念定义为：根据特定职位的胜任特征要求，遵循固定的程序，采用专门的题库、评价标准和评价方法，通过考官小组与应考者面对面的言语交流等方式，评价应考者是否符合招聘岗位要求的人才测评方法。

二、结构化面试的特点

结构化面试，是根据所制定的评价指标，运用特定的问题、评价方法和评价标准，严格遵循特定程序，通过测评人员与应聘者面对面的言语交流，对应聘者进行评价的标准化过程。由于吸收了标准化测验的优点，也融合了传统的经验型面试的优点，结构化面试的测验结果比较准确和可靠。

具体来说，结构化面试具有图3-1所示的特点。

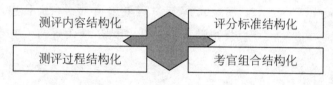

图 3-1　结构化面试的特点

1.测评内容结构化

结构化面试的测评内容源自职务分析，将对岗位的分析纳入考题内容设计范畴，并梳理出胜任这一岗位的人选所应必须具备的素质、知识面、业务能力和岗位的某些特色要求，然后整理归纳和加工丰富这些要素，就能将该岗位对选拔人员的要求体现在测评要素里。设计的考题以这些要素为基础，从而判断考生是否符合岗位的要求。结构化面试的主要题型和考查重点如表3-1所示。

表3-1　结构化面试主要题型和考查重点一览表

编号	题型	考查重点
1	综合分析类	考查考生对于事物是否能够从宏观和微观两方面进行辩证分析和总体把握；正确处理事物内部矛盾关系，使其协调有序
2	突发事件处理类	考查考生能否在面临压力的情况下，仍然能够思维敏捷，深入分析问题，逻辑清晰，考虑周全
3	言语表达类	考查考生在阐述观点时，用词是否准确，有一定的感染力和说服力
4	人际交往类	考查考生是否能够有效地与他人沟通，维持自己与他人，以及工作团体之间的关系
5	组织计划协调类	考查考生是否能够为自己或者组织制订计划、提出建议，有效调动资源，协调各方利益冲突
6	自我情绪控制类	考查考生在面对强烈的刺激或不利情景时，是否能够依然稳定自己情绪，约束自己行为
7	求职动机与职位匹配类	考查考生求职的目的是否与该职位的条件匹配相一致，能否胜任该职位并长期稳定地从事该工作
8	举止礼仪	考查考生在面试过程中举止是否得体，穿着打扮是否符合职位要求

2.测评过程结构化

在结构化面试过程中，报考相同职位的考生，面试题目的数量和内容要求相同，面试的时间要求相同。这就能保证在几乎相同的条件下，公平公正地实施面试过程，让所有的考生在相同的时间内能接受相同水平的面试。

3.评分标准结构化

从行为学角度设计出一套标准的要求，针对每个题目设置得分点，建立标准的评分流程，提高评分的有效性。结构化面试对每一个测评要素，都设计了可操作的、规范的评价标准，让每位考官有较为统一的尺度，保障了在评分过程中的公平公正。

4.考官组合结构化

在结构化面试的流程中，考官队伍的人数一般要求固定，并且要求以一定的比例组成，科学配置各个学科、经验度方面的考官。一般固定设置一名主考官。

三、结构化面试的效能

（1）结构化面试中提出的问题仅与工作的要求有关，客观地收集并评价候选人的信息，尽量避免了各种评价误差，如由主观印象、第一印象和随机性等造成的偏差。

（2）结构化面试有较高的有效性，同时成本也较低。实践证明，结构化面试在判断人的态度和行为方面有比较好的效果，增加了面试的可靠性和准确性。

（3）结构化面试易于为人们所接受。结构化面试让所有的应聘者回答同样的问题，并依据客观的标准对应聘者进行比较，从而对应聘者的工作能力做出判断。通过比较选择合适的人员，不易造成由性别等原因而产生的不公平现象，保证面试能以一种不偏不倚、所有应聘者都可以接受的方式进行筛选。

（4）结构化面试需要在面试前事先进行工作分析，建立题库，设计评分程序等，这也是其与传统面试的根本区别，同时也使结构化面试工作显得更有条理，更有准备。

四、结构化面试的实施要点

结构化面试实施要点如图3-2所示。

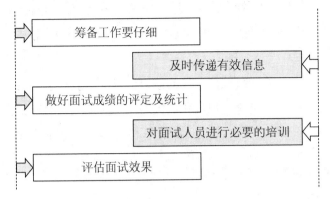

图3-2　结构化面试实施要点

1.筹备工作要仔细

（1）考试场地的布置安排。这可以反映企业文化，体现组织的管理水平，给应聘者留下对企业的初步印象，也会影响到应聘者对企业的接受程度。

（2）面试前，材料要准备充分。包括应聘者的个人资料、结构化问题表、面试评分表、面试程序表。

（3）面试时间的合理确定。要使面试人员既能够充分获取应聘者的真实信息，又不至于过多增加面试成本。一般来讲，每个应试者都会有应对面试的心理准备，而他们的心理警觉期在20～30分钟之间，如果超过这个时间段，人的心理警惕度会降低，因此，面试时间较长对发现问题比较有利。每人每次的面试时间可安排在连续40分钟以上，如果可能的话，还可以安排多轮面试。

（4）面试人员的协作分工。参与面试的人员包括：人力资源部的人员、用人部门的人员，有时还需要有顾问专家。人力资源部的人员负责工作、学习经历、薪资、福利、求职动机等一般事项的考查；用人部门的人员负责技能、知识，工作经验等专业业务方面的考查；顾问专家则针对特殊项目进行考查。

2.及时传递有效信息

面试人员适度诱导应聘者提供与工作相关的信息。面试人员在提问时，应对求职者的回答采取开明接受的态度，定期地发出信号（如点头、微笑等），以表明对求职者的谈话很感兴趣。面试人员还应控制面试的进度，确保在合理的时间内回答问题。在有必要了解具体情况时，可让求职者做出详细的描述。

面试人员应提供关于组织和工作的恰当信息，一般在求职者的必要信息已被全部收集后进行，这包含着积极和消极的信息。面试人员应诚实地回答求职者所提及的关于组织和工作的任何问题，这将有助于选聘过程的双向选择。

3.做好面试成绩的评定及统计

面试结束后，可通过最终评分法或一问一评法对成绩加以评定，可以采用按预定标准将得分简单相加以得出分数，或按反映每个属性的相对重要性（在工作分析中具体规定了每个属性的相对重要性）对得分进行加权求和以得出分数，也可以按照面试人员的权威程度对得分进行加权求和以得出分数。

在按照工作所需要的每一属性来评价求职者时，不仅要比较总体的得分，而且还应关注属性是否具有可补偿性。也就是说，有时某类属性的高分可以补偿另一种属性上的低分；有时某一方面的熟练精通并不能弥补另一方面的不足，如：缺乏与人和谐共处的能力，足可以取消候选人的申请资格，而不管其他能力的状况如何。

4.对面试人员进行必要的培训

对面试人员的培训重点应放在：改善受训人员的提问技巧、面试的组织、提供支持、建立和谐的相互关系、倾听的技巧以及掌握相关资料的能力，各种实践手段、讨论、演示、反馈能力的培训。经过培训后，可以把这些差异控制在最低的程度，从而提高面试的可靠性和有效性。鼓励面试人员遵循最优化的程序，以使偏见和误差出现的可能性降到最小。

5.评估面试效果

结构化面试结束后，还需对选拔效果进行评估。对所选聘的人进行一段时间的跟踪，以测评面试中的结果与实际的业绩是否具有较高的一致性。通过这种评估，可以发现我们所定的评价指标是不是合适，现存的评价方法是不是可靠和准确，进而改进评价标准，完善评价方法。

五、结构化面试的测评要素

结构化面试测评要素的确定应依据对面试的具体要求（如面试达到的目的、职位的具体要求等）而定。一般有表3-2所示的三大类。

表3-2　结构化面试的测评要素

序号	测评要素	具体内容
1	一般能力	（1）逻辑思维能力：通过分析与综合、抽象与概括、判断与推理，揭示事物的内在联系、本质特征及变化规律的能力 （2）语言表达能力：清楚流畅地表达自己的思想、观点，说服动员别人，以及解释、叙述事情的能力
2	领导能力	（1）计划能力：对实际工作任务提出实施目标，进行宏观规划，并制定实施方案的能力 （2）决策能力：对重要问题进行及时有效的分析判断，做出科学决断的能力 （3）组织协调能力：根据工作任务，对资源进行分配，同时控制、激励和协调群体活动过程，使之相互配合，从而实现组织目标的能力 （4）人际沟通能力：通过情感、态度、思想、观点的交流，建立良好协作关系的能力 （5）创新能力：发现新问题、产生新思路、提出新观点和找出新办法的能力 （6）应变能力：面对意外事件，能迅速地做出反应，寻求合适的方法，使事件得以妥善解决的能力 （7）选拔职位需要的特殊能力（该能力测评要素根据不同职位要求确定）
3	个性特征	在面试中表现出来的气质风度、情绪稳定性、自我认知等个性特征

六、结构化面试的设计步骤

一般来说，结构化面试的设计应遵循图3-3所示的几个步骤。

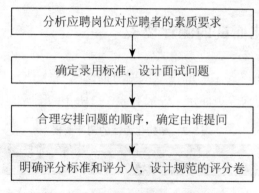

图3-3 结构化面试的设计步骤

1.分析应聘岗位对应聘者的素质要求

人员招聘的目标是为了及时满足企业发展的需要，弥补企业岗位的空缺，因此其最直接的目标是获得该岗位所需要的人，对岗位的分析则尤为重要。根据职位说明书对从事该工作的人员所必须具备的一般要求、生理要求和心理要求给予分析说明。一般要求包括年龄、性别、学历、工作经验等。生理要求包括健康状况、力量与体力、运动的灵活性等。心理要求包括观察能力、集中能力、记忆能力、学习能力、解决问题能力、数学计算能力、语言表达能力、性格、气质、态度等。经过分析可以衡定某些具体要求的重要性，并分配权重，运用于实际面试。

2.确定录用标准，设计面试问题

在岗位要求与素质分析的基础上，确定录用应聘者的基本标准。所谓基本标准也就是应聘者必须具备的、主要的素质要求。根据其素质要求设计问题，并且使所提及的问题能覆盖应聘岗位所必须、主要的素质要求，通过对应聘者答案的分析能明确地了解他与本岗位的适应度。

3.合理安排问题的顺序，确定由谁提问

完成问题的设计之后，将对问题进行排列。原则上是先易后难，循序渐进，先熟悉后生疏，先具体后抽象，从应聘者能够预料的问题出发，让其逐渐适应、展开思路，进入角色。此外把问题分配给特定的考官，由合适的人提出合适的问题，以免面试提问次序混乱。

4.明确评分标准和评分人，设计规范的评分卷

规定了特定的提问考官，当然就得赋予其一定的权力，在这个问题上，相应的考官就有绝对的决定权。

首先，对于常识性的问题，一般只存在正确与否，那么可以安排一名非专业考官进行提问，各位考官的打分都有相同的权重。而对于专业性的问题，则由该专业资深的考官提问，并赋予其较高的权重。当然专业问题也可以直接由专业考官打分，结构化面试中并不需要每位考官都予打分。

其次，如果有多名考官进行评分，评分就应当有一定的合理性，避免出现其他考官的"陪考"现象，这样使面试失去了极大的公平公正性。每位考官的最大权重最好保持在50%，当然这具体的权重由具体的面试要求所决定。

再次，赋予每个问题的分值应当合理，可以以十分制，也可按五段分值1、3、5、7、9进行打分，这样有利于应聘者分数档次的拉开，便于最终录用的决策。

最后，在评分表的设计上要有规范的格式和明确的说明，让考官明确自己在某个阶段的具体行动和某个问题上的决策权重，并在规定的打分栏后留有空余，使考官可以对应聘者的回答进行记录以及补充对某些问题的个人看法，便于面试的评估总结或再次的面试。

七、结构化面试的实施步骤

结构化面试的实施一般有表3-3所示的五个阶段。

表3-3　结构化面试的五个阶段

序号	实施阶段	具体说明
1	建立融洽关系阶段	该阶段占整个面试时间的2%，虽然短暂却十分重要，确定了其余面试部分的基调。该阶段的目标是帮助应聘者放松心情，公开地谈论自己，以便使面试官对他们的工作适应能力做出判断。面试官提出一些随意的、不针对工作相关话题的封闭式问题就可以达到目的
2	介绍阶段	该阶段约占整个面试时间的3%，其主要目的是初步了解应聘者的基本情况，要达此目的最好提出两到三个开放式问题。在此阶段提出这类问题效果最佳，这是因为应聘者可以开口说话并进一步放松心情，而面试官则可以积极倾听他们的回答，做出一些初步的判断

续表

序号	实施阶段	具体说明
3	核心阶段	这是整个面试中的最实质性的阶段。在此阶段，面试官将根据工作要求和职责规定，搜集有关应聘者四项能力——即技术能力、知识水平、行为能力和人际交往能力的全部有关信息。该阶段占整个面试时间的85%，其中65%用来提出素质考核问题，有20%的时间留给其余四类问题，即封闭式问题、开放式问题、举例式问题和假设式问题等
4	确认阶段	该阶段给面试者一个核实应聘者工作水平的机会。在此阶段不应再引入任何新话题。确认阶段占整个面试5%的时间，面试官可以提一些开放式和封闭式问题，其中前者比例略大一点，偶尔也可以提一个素质考核问题
5	结束阶段	此阶段是整个面试"最后机会"阶段。面试官要确保他的提问涉及了做出聘任决定所需的全部信息，而应聘者则有了一个最后展示自己的机会。该阶段占5%的面试时间，面试官可以适当提问一些素质考核问题

第二节
无领导小组讨论

无领导小组讨论具有评价和诊断功能，既可以作为领导人才选拔的测评工具，也可作为领导人才培训的诊断工具。作为选拔工具时，对于通过初步筛选并需要继续具体考核的应聘者使用这种测评手段，了解应聘者的领导技能和品质，从所有应聘者中择优录取。

一、无领导小组讨论的概念

无领导小组讨论是指通过将一定数目的考生组成一组（一般为5～7人），给考生一个主题相关的问题，不指定考生的分工和角色，让考生进行一定时长的讨论，考官从旁边观察考生的管理能力、决策能力、人际技能是否达到岗位要求，以及个性特质是否符合所在团队气氛，由此来综合评价考生之间的差异。

二、无领导小组讨论的优缺点

1.优点

无领导小组讨论作为一种有效的测评工具，和其他测评工具比较起来，具有图3-4所示的几个方面的优点。

1	能测试出笔试和单一面试所不能检测出的能力或者素质
2	能观察到应试者之间的相互作用
3	能依据应试者的行为特征来对其进行更加全面、合理的评价
4	能够涉及应试者的多种能力要素和个性特质
5	能使应试者在相对无意之中暴露自己各个方面的特点，因此对预测应试者在真实团队中的行为有很高的效度
6	能使应试者有平等的发挥机会从而很快地表现出个体上的差异
7	能节省时间，并且能对竞争同一岗位的应试者的表现进行同时比较（横向对比）
8	应用范围广，能应用于非技术领域、技术领域、管理领域和其他专业领域等

图 3-4　无领导小组讨论的优点

2.缺点

无领导小组讨论的缺点如图3-5所示。

1 对测试题目的要求较高

2 对考官的评分技术要求较高，考官应该接受专门的培训

3 对应试者的评价易受考官各个方面特别是主观意见的影响（如偏见和误解），从而导致考官对应试者评价结果的不一致

4 应试者有存在做戏、表演或者伪装的可能性

5 指定角色的随意性，可能导致应试者之间地位的不平等

6 应试者的经验可以影响其能力的真正表现

图 3-5　无领导小组讨论的缺点

三、无领导小组讨论的分类

根据不同的分类标准，可将无领导小组讨论分为不同的种类。

1.根据小组成员的相互关系划分

根据小组成员在讨论过程中的相互关系，可以将无领导小组讨论分为图3-6所示的三种类型。

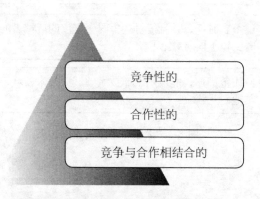

竞争性的

合作性的

竞争与合作相结合的

图 3-6　根据小组成员的相互关系分类

2.根据讨论的背景情境划分

根据讨论的背景的情境，可以将无领导小组分为去情境的无领导小组和有情境的无领导小组讨论。在有情境的无领导小组讨论中，根据无领导小组讨论的情境与拟任工作的相关性，可以将其分为与工作相关情境的无领导小组讨论和与工作无关情境的无领导小组讨论。

3.根据讨论问题的形式划分

从问题的形式上来划分，无领导小组面试一般分为表3-4所示的五种。

表3-4　根据讨论问题的形式划分

序号	类型	具体说明
1	任意性问题	任意性问题答案的范围可以很广、很宽，主要考查应试者思考问题时是否全面、是否有针对性、是否思路清晰、是否有新的观点和见解。任意性问题对于考官来说，容易出题，但是不容易对考生进行评价，因此此类问题不太容易引起考生之间的争辩，所考查考生的能力范围较为有限
2	两难问题	所谓两难问题，是让应试者在两种互有利弊的答案中选择其中的一种，主要考查应试者的分析能力、语言表达能力以及说服力等。此类问题对于应试者而言，不但通俗易懂，而且能够引起充分辩论；同时对于考官而言，不但在编制题目方面比较方便，而且在评价应试者方面也比较有效。但是，此种类型的题目需要注意的是两种备选答案一定要有同等程度的利弊，不能是其中一个答案比另一个答案有很明显的选择性优势
3	多项选择问题	此类问题是让应试者在多种备选答案中选择其中有效的几种或对备选答案的重要性进行排序，主要考查应试者分析问题实质、抓住问题本质方面的能力。此类问题对于评价者来说，比较难于出题目，但对于评价应试者各个方面的能力和人格特点则比较有利
4	操作性问题	此类问题是给应试者一些材料、工具或者道具，让他们利用所给的这些材料，设计出一个或一些由考官指定的物体来，主要考查应试者的主动性、合作能力以及在实际操作任务中所充当的角色。如给应试者一些材料，要求他们相互配合，构建一座铁塔或者一座楼房的模型。此类问题，在考查应试者的操作行为方面要比其他方面多一些，同时情景模拟的程度要大一些，但考查言语方面的能力则较少，同时考官必须很好地准备所能用到的一切材料，对考官的要求和题目的要求都比较高

序号	类型	具体说明
5	资源争夺问题	此类问题是让处于同等地位的应试者就有限的资源进行分配，从而考查应试者的语言表达能力、分析问题能力、概括或总结能力，以及发言的积极性和反应的灵敏性等。应试者要想获得更多资源，自己必须要有理有据，必须能说服他人。因此，此类问题可以引起应试者的充分辩论，也有利于考官对应试者的评价，但是对论题的要求较高，论题必须保证题中角色地位平等、准备材料充分

四、无领导小组讨论的流程

无领导小组面试通常按以下流程进行。

1.准备阶段

（1）材料的准备。准备无领导小组讨论所需的一切可用材料，如介绍背景信息的材料、道具、草稿纸、笔、评分表格等。

（2）应试者的安排。

①对应试者分组。原则上每组6人，但特殊情况下可在4～12人范围内进行组合。值得注意的是，要尽量将报考同一部门、同一职位或相近职位的应试者安排在同一组，将同一背景或背景相似的应试者安排在一组。

②排出应试者的时间表。对于不同的应试小组，分别排出每个小组的时间表，以方便工作人员和应试者做好准备工作。

（3）考试现场的布置。

①席位摆放。考官席与应试者席之间的位置关系摆放有图3-7所示的两种方式。一种是采用圆桌会议式，应试者围成圆桌坐在一起，面试考官席设在考场四边；另一种是应试者席位呈扇形或者"U"形摆放，考官席位单列一排，在应试者席位前方，保证每一位考官能够观察到每一位应试者的表现。

②席上摆放。在应试者席上摆放标有编号的席卡、1～2张白纸，席卡为双面编号，摆放角度要保证考官能够看清楚，同时保证应试者能看清彼此的编号。

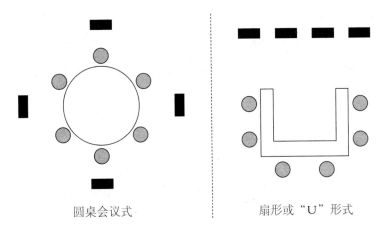

圆桌会议式　　　　　　　扇形或"U"形式

图 3-7　考官席与应试者席之间的位置关系

③考官席。考官席与应试者席间距 4 米左右；考官席摆放标有"考官"的席卡，记录员席和非考官观看席设于考官席后。

2.开始阶段

（1）检查准备情况。考务人员提前 10 分钟进入考场，检查考场的准备情况，包括场地是否符合要求、所需材料是否准备齐全等。

（2）应试者入场。测评开始前 5 分钟，考务人员在确认应试者信息无误后，带领应试者进入测评场地，请其随机就座。也可以由考务人员采用抽签的方式确定应试者的顺序，列队进入考场，按次序就座。

（3）主考官宣布考试规则和纪律。应试者落座后，主考官向应试者简单介绍应试者在本次面试中所要做的事情，并向应试者宣布纪律，主要是要求应试者之间不准相互商议、交头接耳等。

（4）向应试者发放材料，宣读指导语。向应试者发放材料，包含该次讨论的题目、草稿纸、笔等，供草拟讨论提纲用。主考官宣读指导语，介绍小组讨论的任务及规则要求，考务人员根据主考官示意，给测评对象发放讨论背景材料。

指导语一般如下：

大家好！首先祝贺大家顺利通过了笔试，欢迎参加今天的面试。我们将采取无领导小组讨论的考试形式，包括个人观点陈述、自由讨论、总结陈词三个阶段，在整个考试过程中，除了时间的提醒外，考官不会发言。

（5）应试者准备。

主考官宣布讨论正式开始并计时，每个应试者拿到讨论的题目后可以有5～10分钟时间进行独立阅读、思考，并列出发言提纲，为自己下一阶段的表现做好准备。

3.实施阶段

面试官给应试者提供必要的资料、交代问题的背景和讨论的要求后，一定不要参与提问、讨论或者回答应试者的问题，以免给应试者暗示。整个讨论过程可用摄像机监测、录像。

实施阶段，主要包括图3-8所示的几个部分。

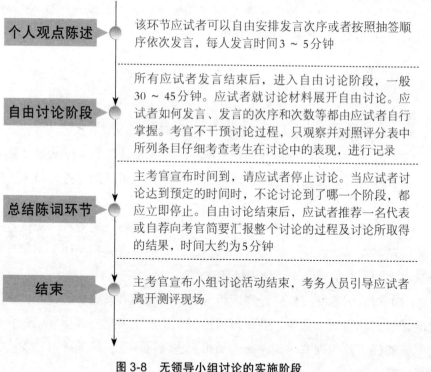

个人观点陈述　该环节应试者可以自由安排发言次序或者按照抽签顺序依次发言，每人发言时间3～5分钟

自由讨论阶段　所有应试者发言结束后，进入自由讨论阶段，一般30～45分钟。应试者就讨论材料展开自由讨论。应试者如何发言、发言的次序和次数等都由应试者自行掌握。考官不干预讨论过程，只观察并对照评分表中所列条目仔细考查考生在讨论中的表现，进行记录

总结陈词环节　主考官宣布时间到，请应试者停止讨论。当应试者讨论达到预定的时间时，不论讨论到了哪一个阶段，都应立即停止。自由讨论结束后，应试者推荐一名代表或自荐向考官简要汇报整个讨论的过程及讨论所取得的结果，时间大约为5分钟

结束　主考官宣布小组讨论活动结束，考务人员引导应试者离开测评现场

图3-8　无领导小组讨论的实施阶段

> **小提示**
>
> 某些特殊的题目，在讨论过程中考官可以向应试者再提供另外一些材料或信息。如果出现这种情况，应严格根据题目的要求进行。

4.评价阶段

（1）至少要有2个评价者，以相互检查评价结果。

（2）评价者应对照计分表所列条目仔细观察应试者的各项表现。

（3）评价者一定要克服对应试者的第一印象，不能带有民族、种族、性别、年龄、资历等方面的成见。

（4）评价者对应试者的评价一定要客观、公正，以事实为依据。

5.总结阶段

在进行无领导小组讨论后，所有考官都要撰写评定报告，内容包括此次讨论的整体情况、所问的问题内容以及此问题的优缺点，主要说明每个应试者的具体表现、自己的建议，以及最终录用意见等。

下面提供一份无领导小组主持词的范本，仅供参考。

实战范本

无领导小组主持词

各位同学：

大家下午好！

我是来自××××集团的×××。

首先非常欢迎大家今天来现场参加我们的复试。

今天人数较多，我们不一一单独面试，采取的无领导小组讨论的形式。请大家将手机调成振动或静音模式，感谢大家的配合。我先给大家介绍我们今天的"无领导小组讨论"的流程，请看我们的PPT（如下图）。

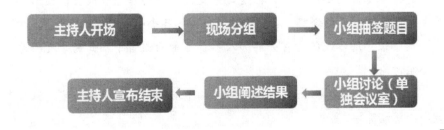

在整个环节中，每组会有两位考官，除了时间的提醒外，每组的考官不会发言。

我们首先进行分组。现在，请在座的各位同学听清楚，从这边开始，大家依次报数，按"1，2，3"报数。报到相同数号的同学，分为一组，大家听清楚了吗？

好的，大家从这边开始报数。

接下来，请报号为1的同学在这里集合，报号为2的同学在这里集合，报号为3的同学在这里集合……

现在，分组结束，大家记住各自的组号。

接下来，请小组派一位代表到工作人员的手上抽取你们团队要讨论的题目。

抽取各自的题目后，讨论的规则请大家看我们的PPT（如下图）。

A PART **2．小组讨论流程及规则**

座位排序 → 个人观点陈述 → 自由讨论 → 小组总结陈词 → 结束

1.座位排序：小组评委登记各小组成员的名字，成员按会议圆桌形式位置坐好。
2.个人观点陈述：小组成员各自审题，3分钟时间做好讨论前准备，然后按照座位顺序发言，每人的发言时间控制在3分钟以内。
3.自由讨论：总体时间为30分钟，小组最终讨论出一个最后的方案。
4.小组总结陈词：回到我们的大会议室，各小组派出一名代表总结陈词。时间为5分钟。

请抽到题目的小组代表，把题目分发给小组的每一位成员，我们已经为大家准备了好了会议室，我们的考官会带领各小组去特定的会议室。

接下来，请各组的考官分别加入各自负责的组当中，开始今天的无领导小组讨论。

（分小组及会议室讨论，时间结束，各位回到我们的大会议室，派代表做小组总结陈词。）

我们的群体讨论已经结束，欢迎大家回来。接下来请小组派一个代表上台做你们小组的总结陈词。

好的，各小组的代表的总结陈词全部完毕，各小组的表现都非常精彩。谢谢大家。

下面我宣布，今天的面试到此结束。面试结果我们会在明天之内统一电话通知，请大家保持手机畅通。辛苦各位，现在可以回去休息了。

五、无领导小组讨论的考查范围

无领导小组讨论面试对应试者能力和素质的考查一般集中在图3-9所示的几个主要方面。

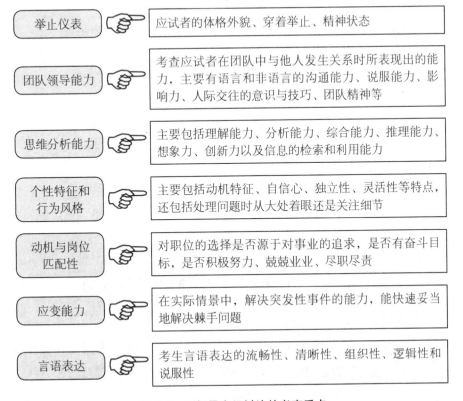

举止仪表	☞	应试者的体格外貌、穿着举止、精神状态
团队领导能力	☞	考查应试者在团队中与他人发生关系时所表现出的能力，主要有语言和非语言的沟通能力、说服能力、影响力、人际交往的意识与技巧、团队精神等
思维分析能力	☞	主要包括理解能力、分析能力、综合能力、推理能力、想象力、创新力以及信息的检索和利用能力
个性特征和行为风格	☞	主要包括动机特征、自信心、独立性、灵活性等特点，还包括处理问题时从大处着眼还是关注细节
动机与岗位匹配性	☞	对职位的选择是否源于对事业的追求，是否有奋斗目标，是否积极努力、兢兢业业、尽职尽责
应变能力	☞	在实际情景中，解决突发性事件的能力，能快速妥当地解决棘手问题
言语表达	☞	考生言语表达的流畅性、清晰性、组织性、逻辑性和说服性

图 3-9　无领导小组讨论的考查重点

六、无领导小组讨论的评价标准

在无领导小组讨论中，考官评价的依据标准主要如图3-10所示。

1 应试者参与有效发言次数的多少

2 应试者是否有随时消除紧张气氛，说服别人，调节争议，创造一个使不大开口讲话的人也想发言的气氛的能力，并最终使众人达成一致意见

3 应试者是否能提出自己的见解和方案，同时敢于发表不同意见，并支持或肯定别人的意见，在坚持自己的正确意见基础上根据别人的意见发表自己的观点

4 应试者能否倾听他人意见，并互相尊重，在别人发言的时候不强行插嘴

5 应试者语言表达、分析问题、记录整理、概括或归纳总结不同方面意见的能力

6 应试者的时间观念

7 应试者反应的灵敏性、概括的准确性、发言的主动性等

图3-10　无领导小组讨论的评价标准

 相关链接

如何通过无领导小组讨论挑选出合适的人才

1. 要紧紧围绕岗位招聘要求来进行招聘

每一种岗位，它的侧重点都不一样。比如：招聘销售岗位，需要考查候选人的表达能力、性格外向性；招聘售后岗位，则需要考查候选人服务意识，他的性格外向与否则不是最重要的考查因素。

2.考查候选人分析事情的思维过程而不是内容

有的面试官在面试的过程中，喜欢听候选人的内容，觉得有道理，就给高分，这恰恰容易让那些善于伪装、利用面试技巧的候选人钻了空子。因为内容是可以准备的，但是思维却是一个人长期积累的结果。一个优秀的候选人，他的思维肯定是缜密、连贯、系统的。也许他讲得不是很好，但他所说的话有逻辑性，就可以被列入优秀候选人的行列。

3.提防那些被面试技巧武装的候选人

（1）代表大家总结发言的人。很多人都想要做最后总结陈词的人，因为如果发言出彩，很容易被面试官记住。所以很多人都会抢着来做最后一个发言的人，他们认为这样可以为自己加分。作为面试官，我们就应该要区分这些人中，哪些人是真材实料，哪些人是伪装。有一个简单的方法是，如果一个人全场几乎没有什么突出表现，最后却抢着要总结陈词，他投机取巧的概率就比较大。

（2）刻意表现的人。有些人为了引起面试官的注意，总在试图当领导者，不停地发言，试图引导大家。但其实他的每次发言都没有价值，对团队的贡献有限。这种人可能是看多了面试技巧，试图刻意表现，但无奈能力有限，面试官要注意辨别。

第三节
公文筐测试

公文筐测试是一种信度和效度都比较高的测评手段，可用于领导干部和管理人员的选拔、考核以及培训。

一、公文筐测试的概念

公文筐测试，又叫文件处理测试、篮中训练法。它是将被试者置于特定职位或管理岗位的模拟环境中，由评价者提供一批该岗位经常需要处理的文件，要求被试者在一定的时间和规定的条件下处理完毕，并且还要以书面或口头的方式解释说明这样处理的原则和理由。

二、公文筐测试的特点

公文筐测试把被试者置于模拟的工作情境中去完成一系列的工作，与通常的纸笔测验相比，显得生动而不呆板，较能反映被试者的真实能力水平；与结构化面试、无领导小组讨论等其他测评技术相比，它提供给被试者的背景信息和测验材料以及被试者的作答都是以书面形式完成的，一方面考虑到被试者在日常工作中接触和处理大量文件的需要，另一方面也为每一位被试者提供了工作的前提条件和机会相等的情境。公文筐测试可以同时对大批量的被试者进行测试，这也是其他情境测验所无法比拟的。

三、公文筐测试的优缺点

公文筐测试具有如表3-5所示的优缺点。

表3-5　公文筐测试的优缺点

优点	考查内容范围十分广泛	公文筐测试评价被试者的依据是其文件处理的方式及理由，是其静态的思维结果。因此，除了必须通过实际操作的动态过程才能体现的要素外，任何背景知识、业务知识、操作经验以及能力要素都可以涵盖于文件之中，借助于被试者对文件的处理来实现对被试者素质的考查
	表面效度很高	公文筐测试采用十分类似应聘职位中常见的文件，甚至有的直接就是应聘职位中常见的文件，因此被试者如果能够妥善处理测试公文的话，那么他就能理所当然地被认为具备职位所需的素质
	应用范围大	考查内容范围的广泛使得公文筐测试具有广泛的实用性，并且表面效度高，易为人所接受，因此公文筐测试也常用于公务员面试
	高度似真性	公文筐测试完全模拟现实中真实发生的经营、管理情景，对实际操作有高度似真性，因而预测效度高
	综合性强	公文筐测试的测试材料涉及日常管理、人事、财务、市场、公共关系、政策法规等行政机关的各项工作，因此能够对高层及中层管理人员进行全面细致的测评与评价

续表

缺点	编制成本较高	公文筐测试需要专业人员包括测验专家、管理专家和行业专家（实际工作者）三部分专家相互配合，投入的人力、物力和费用都比较多。编制公文筐测试需要结合实际的拟任职位特征和要求，共同研究开发新的合适的题目，收集不同的文件，并对文件进行典型化处理，将各个文件串联起来成套编制并标准化，这本身就是一个需要花费大量时间的过程
	评价的客观性难以保证	由于被试者在经验、背景、管理理念、基本素质等方面存在个体差异，其处理公文的行为方式也是不尽相同的。一个经常与公文打交道的企业中层管理者，由于受到企业文化和企业的做事风格的影响，在做此类的测验时就很容易按照工作习惯来处理，一些真实的能力可能被隐藏了起来。这会影响到评价者给予他的评价
	评分难度大	不同的评价者之间对此也会有不同的认识，尤其是专业人员和实际工作者之间的认识有较大的差异。鉴于此，公文筐测试结果的评价应有专家指导，否则会由于评价尺度把握不准而无法取得好的效果，而在具体实践中专家并不容易请到，因此这就使得公文筐测试很难大规模推广使用
	难以直接考查被试者的人际交往能力	由于公文筐测试采用静态的纸笔考试，每个被试者都是自己独立完成测验，评价者与被试者之间没有互动的交流，所以评价者很难对被试者实际当中与他人交往的能力和人际协调能力直接进行判断和评价

四、公文筐测试的适用范围

由于公文筐测试可以将管理情境中可能遇到的各种典型问题抽取出来，以书面的形式让被试者来处理，所以它可以考查被试者多方面的管理能力，特别是计划能力、分析和判断问题的能力、给下属布置工作并进行指导和监督的能力、决策能力等。归纳起来，主要有以下两类。

1. 与事有关的能力

公文筐的各种公文都会涉及组织中的各种事件，被试者搜集和利用信息的（洞察问题）能力首先会体现其中，另外有的事情是需要被试者做出分析、综合、判断的，有的事情需要做出决策，有的事情需要组织、计划、协调，有的还需要分派任务（授权），而且在纷繁复杂的事情中需要分清轻重缓急，因此这些能力都可以在公文筐测试中得到反映。同时由于与其他测评方法相比，此法提供给被试者的测验材料和作答都是以书面形式来实现的，所以还能有效地考查被试者的文字与写作能力。

2.与人有关的能力

在公文中会提到各种各样的人物以及他们之间的关系，这些文件也是来自不同的人，设计比较好的公文筐测试会把人物的特点勾勒得淋漓尽致。被试者除了要善于处理公文中的事情之外，还要对文件有关的人非常敏感，而且很多情况下，事情处理得是否得当就取决于是否能够正确理解人的意图、愿望、性格特点和人物之间的关系。因此，在公文筐测试中也能很好地测量被试者的沟通能力，尽管这种能力是通过书面的形式间接表现出来的。

五、公文筐测试的实施步骤

公文筐测试的实施步骤包括图3-11所示的四个阶段，各个阶段都有一些特定的要求，任何环节出了问题，其他环节都难以弥补。所以在实施时，必须严格按照要求对所有的被试者进行测评，以保证测量的标准化和公平性。

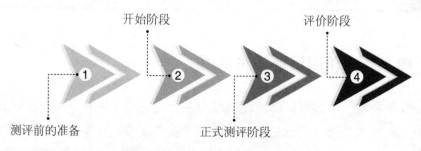

图 3-11　公文筐测试的实施步骤

1.测评前的准备

测评前的准备工作是公文筐测试能否顺利实施的关键。测评前的准备工作范围很广，包括指导语的设计、各种材料的准备、测试场地的安排等。只有将这些工作做得周到细致，才能确保实施质量。

（1）要有清楚、详细的指导语。指导语要说明被试者在公文筐测试中的任务与有关要求，文字应该通俗易懂，以保证每个被试者都能够准确无误地理解测验要求。

比如：

这是一个公文筐测试，在这项测验中，你将作为一个特定的管理者，在两个小时的时间里处理一系列文件、电话记录、办公室的备忘录等。

这里为你准备了你今天需要处理的全部资料，放在办公桌的塑料公文袋里。

在测验中你需要使用以下工具：一本答题纸、有关背景材料、公文袋中的测验材料、铅笔、计算器等。

请不要在公文袋中的测验材料上写任何东西，所有的问题处理都写在答题纸上。我们只对答题纸上的作答进行计分，在其他任何地方的答题将不予考虑。

在测试期间，为了不影响你的成绩，请关闭手机。

大家都听明白了吗？有问题的请举手。如果没有问题，就开始答题了。

（2）测验材料的准备。测验材料包括图3-12所示的两类，这些材料事先放在桌子上的公文袋里。

材料一 >	提供给被试者的背景材料
	一般包括被试者的特定身份、工作职能和组织机构等具体的情景设计，背景材料的多少随测验材料而定，其核心目的是为被试者处理公文筐测试中的各种问题提供一个背景情况，以保证被试者有足够的背景信息可以参照

材料二 >	待处理的各种测验资料
	包括信函、报告、备忘录等

图3-12　公文筐测试前应准备的材料

为了突出公文筐测试的逼真性，上述文件可以用多种方式来呈现，比如不同的文件用不同规格和大小的纸张来呈现，文件内容可以既有打印稿又有手写稿，有些文件上甚至可以写上多位主管的批示，以表示文件已在多位主管中传阅过。

（3）答题纸的准备。答题纸是专供被试者对材料写处理意见或回答指定的问题，是被试者唯一能够书写答案的地方，评分时只对答题纸上的内容进行评分。给每个被试者的测验材料和答题纸事先要编上序号，实施前要注意清点核对。答题纸一般由图3-13所示的三部分内容组成。

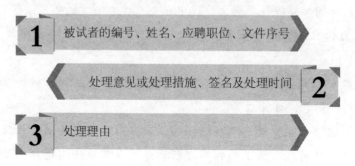

1 被试者的编号、姓名、应聘职位、文件序号

处理意见或处理措施、签名及处理时间 **2**

3 处理理由

图 3-13　答题纸应包含的内容

> **小提示**
>
> 文件序号只是文件的标识顺序，通常由易到难，并不代表处理的顺序，应该允许被试者根据轻重缓急调整顺序，只要给所有被试者的文件顺序相同即可，以示公正。在某些特殊的情况下，需要被试者就某个问题写一个报告，此时得另加上几页空白答题纸。

（4）事先编制好评分标准。根据各测验要素的定义，结合具体的测验试题，给出各个要素的评分标准，必要时可以给出好、中、差三种情况的作答特征描述。

（5）要事先安排一个尽可能与真实情境相似的环境。公文筐测试除了要求环境安静、空气新鲜、采光好等条件外，最好能够使测试环境与真实情境相似，至少应该保证每个被试者有一张桌子和必要的办公用具，由于要处理大量的公文，桌面要足够大。被试者之间的距离也应该远一些，以免相互干扰。为了保密和公平，最好所有的被试者在同一时间内完成公文筐测试。

2.开始阶段

在公文筐测试正式实施前，主考官要把测验指导语从头到尾念一遍，并对测验要求做简要介绍，同时强调有关注意事项。当被试者对测验指导语完全理解后，每位被试者才可以开始阅读有关的背景材料，即被试者的身份和一个假定的时间与情境，通常包括工作职能说明、组织机构表、工作描述和部分工作计划等，阅读时间的长短随背景材料的多少而定。这里的关键是让被试者尽快进入情境，明确自己的角色，以便正式开始作答测验。被试者在这个阶段有任何不清楚的问题可以向主考官提问。

3.正式测评阶段

这一阶段通常需要1～3个小时的时间，为了保证公平性，在正式测评前，被试者不得翻看测验材料。被试者对文件的处理意见或者答案都要写在答题纸上，除非评价中心测评的总体设计中另有设定，被试者一般需要独立工作，没有机会与外界进行其他方式的交流。被试者在这个阶段有任何问题，都不得向主考官进行提问。测评结束时，被试者必须同时停笔，但是可以提醒他们检查一下是否在每一页答题纸上写上了自己的编号。对于提前做完的被试者，不要让他们离开考场，因为下一个阶段考官可能还会对被试者进行必要的追问。

4.评价阶段

测试结束以后，考官要对被试者的作答立即进行粗略的评价，只有这样，当考官感到被试者的回答模糊不清时，才可能对被试者当面进行提问，在此阶段并不获取新的信息。如果未能及时进行评价，那么也应该在现场翻看一下，以决定是否要对被试者进行必要的追问。考官一般在评价被试者的实际回答时，不仅要看被试者的文件处理方式方法，还要结合被试者对每个文件处理办法背后的理由说明。有时候，尽管两位被试者的处理办法相同，但不同的处理理由往往能反映出其不同的能力水平。

 相关链接 ‹

公文筐测试对考官的要求

公文筐测试对考官的综合素质要求较高，具体如下：

（1）要具备管理学和心理学领域的基础知识，了解公文筐测试的理论和实战依据；

（2）要对测评对象所任职务的职责权限和任职资格（工作经验、学历、能力、潜能和个性心理特征等）进行过系统研究；

（3）能够独立或与他人合作设计测评题目，了解各测评题目之间的内在联系；

（4）能够恰如其分地开展考评问询，能够对被测评者进行全面、客观、公正的评价；

（5）要对每种可能出现的答案及其所代表的意义成竹在胸，并与其他考官事先达成共识。

在二十世纪五十至八十年代，公文筐测试的考官是清一色的管理顾问、咨询专家或心理学家，二十世纪八十年代以后，公文筐测试的考官也开始逐步吸收企业的高级管理人员（他们通常是被测评者直接上级的上司）。企业高级管理人员通常对企业管理现状的方方面面感受深刻，通过两周左右的标准化速成培训以及顾问人员的现场指导，他们基本上能够担负起合格考官的工作职责，而这对于企业自身管理团队的建设意义深远。

六、公文筐测试的结果评定

公文筐测试的结果评定既是重点又是难点，只有对被试者的作答进行准确合理的评定，才能有效地发挥公文筐测试的鉴别功能，也才能体现以此方法进行人员选拔时的客观公正。但是，由于公文筐测试作答的开放性，加上测验背景的复杂性，其结果评定很难，这对评价者提出了很高的要求。

1.评分标准的设计

评分标准的设计是公文筐测试结果评定中的基础环节，公文筐测试的评分标准包含图3-14所示的内容。

对于参考标准来说，这是评分标准设计中的关键，因为只有明确了什么样的文件处理方式说明被试者某方面的能力高、什么样的文件处理方式说明被试者某方面的能力差，才可能有效地评价测验结果。

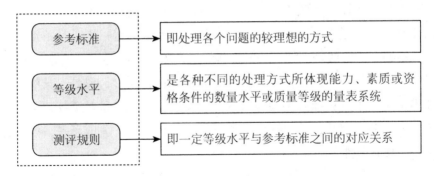

图 3-14　公文筐测试评分标准包含的内容

参考标准确定以后，评分表的设计就比较简单了。首先要确定量表评定的等级，常用的有5点量表、7点量表、9点量表、10点量表，其特点是将被试者的行为表现分成等距的几个等级。比如，5点量表可以分成很好、较好、中等、较差、很差5个等级。10点量表通常把行为分成好（1～3分）、中（4～7分）和差（8～10分）三个等级，并对三个等级的行为表现做出具体的描述，然后考官根据被试的具体表现在三个等级内再做细分。

比如对计划能力的评分标准可以采取以下量表：

（1）好：能够有条不紊地处理各种公文和信息材料，并根据信息的性质和轻重缓急对信息进行准确的分类处理。在处理问题时，能及时提出切实可行的解决方案，主要表现在能系统地事先安排和分配工作，注意不同信息之间的关系，有效地利用人、财、物和信息资源。

（2）中：分析和处理问题时能够区分事件的轻重缓急，能够看到不同信息间的关系，但解决问题的办法不是很有效，在资源的分配与调用方面也不尽合理。

（3）差：处理各种公文和信息材料时不分轻重缓急，没有觉察到各种事件之间的内在联系。解决问题时没有考虑到时间、成本和资源方面的种种限制，以致提出的问题解决办法不可行。

2.评分标准的把握

让评价者掌握评定标准是公文筐测试结果评定的核心环节。评分表设计得再好，如果评价者对评定标准没有把握好，那么结果评定也是没有可信度的。评价者要把握评定标准，通常需要严格的训练。

首先，要让评价者熟悉测评要素的内涵和拟任岗位的要求。在公文筐测试的评价者中，通常有两类人员：一类是评价专家，另一类是具备拟任岗位工作经验的人（一般是拟任岗位的上级领导及人事组织部门的领导）。评价专家虽然能够很好地把握测评要素的理论界定和评价尺度，但是对具体的岗位可能不是十分了解；而有关领导虽然熟悉岗位特征，但是对测评要素又把握得不是太准确。因此，双方需要密切合作，互相学习，各取所长，提高评价的客观性和有效性。

其次，要加强评价练习。让评价者熟悉测评要素的内涵和拟任岗位的要求并不是一件很容易的事情，需要通过评价实践来巩固。通常可以让多位考官同时对几份公文筐测试的作答情况进行多次评定训练。评分的实施程序一定要注意，一般应该由两人以上各自独立评分，然后交流评分结果。如果发现不同评价者的评分结果之间的差异比较大，就得让他们简述自己的评分理由，拿出客观的评分依据，据此对他们进行指导，使他们把握好统一的评分尺度，直到达到预定的标准。

3.评价结果的内容

在公文筐测试结果的评定过程中，评分者不要仅仅给出一个简单的分数，最好就各种测评要素给被试者写出相应的书面评语，这样做的意义如图3-15所示。

在于保留公文筐测试中提供的、难以从分数中体现出来的很多宝贵信息

在于更明确地反映出考官对被试者的倾向性意见，同时也能够使得录用决策建立在更为生动具体的评价信息基础之上

图 3-15 评价者写出书面评语的意义

关于如何填写公文筐测试的评语，并没有很严格的规定，只要抓住被试者的主要特点，用适当的文字描述出来，给予恰当的考核建议即可。如果对公文筐测试的结果仍然存在很多疑点或者判断模糊的地方，可以留待与其他测评方法相互印证。

第四节
视频面试

现在越来越多的企业把网络视频面试作为一种面试形式，网络视频面试越来越受到企业重视，也是未来企业面试的一个趋势。

一、视频面试的概念

视频面试是指用人单位与求职者足不出户利用连通了互联网的电脑，通过视频摄像头和耳麦，以语音、视频、文字的方式进行即时沟通交流的招聘面试行为。

二、视频面试的好处

1. 对求职者

对求职者来说，视频面试有图3-16所示的好处。

简历绘声绘色

应聘者可以通过录制一段声情并茂的自我介绍，打破了原始纸质简历的单调、平面，用声音、表情、动作给企业留下深刻印象

节省开支

应聘者通过与企业视频面试，极大地解决了因公司地点较远带来的开支问题，节省了人力、物力、财力

图 3-16　视频面试对求职者的好处

2. 对企业

对企业来说，视频面试有图3-17所示的好处。

1	信息量大。相比传统文字简历，企业通过视频面试，对求职者的谈吐、性格、基本状况都有较直观的了解
2	全面考核。通过视频面试全面考核应聘者的基本素质以及性格特质
3	节约招聘成本，简化面试流程。通过网络面试初步筛选人才，不需要特意准备面试场所和安排接待人员，让整个招聘过程省时省力
4	多方同时面试，缩短招聘时间。HR主管、部门主管、高层领导等可以同时面试，大大缩短了招聘时间，为企业及时输送人才
5	实现异地招聘，从更大范围内找寻合适人才

图 3-17　视频面试对企业的好处

三、视频面试前的准备

1.多方协调

（1）在开始视频面试之前，HR面试官首先要让求职者填写电子版的面试人员登记表并发送相关作品到自己邮箱。

（2）将以上资料发至用人部门面试官，搜集相关部门的问题和反馈，增加到面试问题表里。

（3）向求职者发送邀请函，就面试时间、是否方便等问题达成共识。

比如："×××，非常感谢您接受我公司的线上面试邀请。我们的面试时间初步约定在今天下午4点进行，面试官是我/×××部门×经理。整个面试过程预计10～30分钟，请您预留出足够的空闲时间。除此之外，您需要穿着正规工作装，准备一个较为安静的环境，避免环境嘈杂影响面试体验。如对面试安排有异议，请及时回复我进行商议；如没有异议，则祝您面试顺利，我们下午见！"

2.提前通知应聘者

正如线下面试会提前电话提醒求职者一般，线上面试也需要提前提醒。一方面，可避免求职者遗忘面试、耽误面试进程；另一方面，即便求职者突发急事不能进行面试，面试官也可以预留出充足的时间另做面试安排。

3.确定好面试工具

现在能够进行视频面试的工具有很多，最关键的是使用之前要进行仔细的测试，保证效果，不能影响面试的正常进行。

4.确定好面试地点，着装得体

选择相对封闭的房间，保证环境的安静与整洁，尽量在背景墙上放置公司的标志或者相关海报，这样能凸显企业的形象。当然居家办公的话可能会缺乏以上物料，那么面试官要做的就是着装得体，尽量不要只打扮上半身而忽略了下半身，万一不小心漏了底细，会让候选人怀疑你的专业形象。

> **小提示**
>
> 虽然不是现场面试，但视频面试也是一场正经且严肃的交流。因此，面试官要注意自己的仪容仪表，穿着专业的职业装，女士可以化好淡妆。

5.提前演练

可能有不少面试官在视频面试的时候，也会出现紧张等情况，这时候面试官最好是提前演练一番，就像在现场面试一样，提前在镜头前找一找感觉。

6.确认设备

除了必要的电脑（或手机）外，视频面试还要做好以下准备：

（1）台灯，以确保有足够的光线，带给应聘者良好的视觉体验。

（2）耳机，外放音箱会导致声音杂乱，造成双方沟通费力。

（3）充电器，如果用手机的话还要备好充电器，避免手机没电带来的尴尬。

（4）网速，要提前测试网速能否达到视频流畅的效果。

四、视频面试进行中的注意事项

1.注意视频面试设备的放置

为了展现面试官的专业和正式，设备镜头要摆放在可以拍摄桌面以上画面的位置，这样可以方便面试官在面试时加上部分肢体语言，让面试过程更有趣，如图3-18所示。

图3-18　视频面试设备放置示意图

2.注意观察

视频面试过程中，面试官要注意仔细捕捉求职者表现出的细节，比如表达方式、说话习惯、情绪流露、肢体动作等，可以由此得出不少宝贵信息。

比如：求职者眼神飘忽不定，可以初步看出这个人没有自信，且没有安全感。

3.配合测评工具

要在短时间内了解一位求职者，提问并辅以测评工具的形式更有效。

视频面试时可以缩小画面，正常发送消息。所以在面试途中，面试官可以借助一些人才测评工具以便更精准地判断人才。

4.全程录音录像

视频面试有一个很大的优点，就是可以录音录像，企业可以反复斟酌候选人的表现，方便更客观地评估。同时面试官也可以观察自己在面试过程中的表现和需要完善的地方。

5.面试官必须要保持高度专业化

视频面试和现场面试一样，面试官要始终保持高度的专业化。仪表整洁、坐姿端正、面带微笑，这些是最基本的要求。最好视频面试的电脑能配备高端的声卡和摄像头，这样可以保证视频面试的基本效果，给候选人更好的体验。

小提示

视频面试结束后，面试官应将收集到的求职者信息及时反馈给相关部门，确定其是否可以进入二面或通过面试。

Q A 情景模拟 ▶▶▶ --

面试官：你好，请简单介绍一下自己。

求职者：你好，我是××学院的新闻传播学应届本科毕业生，我是来应聘贵单位所招聘的策划职位的。这是我的个人简历，请您过目。

面试官：你对于我们公司了解多少呢？

求职者：贵公司注重品质、追求品质，注重团队精神和责任心。近年来，贵公司有意改变策略，加强了与欧洲同行业的先进公司的合作。

面试官：你觉得你比别人有什么优势，让我们选择你，而不选择其他人？

求职者：首先，我就读的是新闻传播专业，在新媒体宣传方面有很强的优势。其次，我拥有吃苦耐劳的精神，同时，我热情乐观、积极向上，能够与别人和睦相处。我相信经过贵公司的岗前培训后，我一定能适应这个岗位的。

面试官：如果工作中你难以和同事、上司相处，你该怎么办？

求职者：我会听从上级的指挥，配合同事的工作。如果出现这种情况，我会从自身找原因，仔细分析是不是自己工作做得不好让领导不满意，同事不舒心。另外，还要看看是不是我为人处世方面做得不好，如果是这样的话我会努力改正。如果我找不到原因，我会找机会跟他们沟通，请他们指出我的不足，有问题就及时改正。

面试官：你对公司加班有什么看法？

求职者：如果是工作需要我会义不容辞加班，我现在刚出校门，没有任何家庭负担，可以全身心地投入工作。但同时，我也会提高工作效率，减少不必要的加班。

面试官：请问你对薪资有什么要求？

求职者：我对工资没有硬性要求，我相信贵公司在处理我的问题上会给出合理的薪酬。我注重的是好的工作机会，所以只要条件公平，我不会计较太多。

面试官：好的，如果有好消息，我们会一周内通知你的。

求职者：谢谢！（求职者从此至终都微笑着）

第四章

设计面试的题目

导言

一套好的面试试题的设计，必须考虑到，既要能使求职者比较充分地发挥出自己的水平，又要能考核出求职者各方面能力，特别是胜任力。

面试题目设计概述

一、编制面试试题的原则

编制面试试题应遵循图4-1所示的基本原则。

题目要以录用考试总体目标及考试录用计划为依据
题目要直接体现面试的目的和目标
题目必须围绕面试重点内容来编制
题目要有共性和个性
题目要有可评价性、透视性
题目要有内涵

图4-1　编制面试试题的基本原则

1.题目要以录用考试总体目标及考试录用计划为依据

录用考试总体目标及录用计划是非常明确的，即根据用人单位的人员需求，选拔录用适合用人单位不同岗位需要及要求的各类人员。不同类型的人员其录用要求不同，相应的面试目标及内容也有不同。因此，面试的内容必须围绕总目标的要求及具体的人员录用计划来确定。

2.题目要直接体现面试的目的和目标

笔试的重点，在于考查被试者的知识，而面试的目的是要进一步考查被试者的能力水平、工作经验、体质精力以及其他方面的情况，以弥补笔试的不足，为选择合适人才提供充分依据。面试内容如果不明确、不具体，则面试的目的难以达到，进而将影响录用考试总体目标及录用计划实现。面试要依据面试评价目标制定试题。

3.题目必须围绕面试重点内容来编制

编制题目是为了完成对重点内容的考查，进而实现面试的目的。所以，题目所涉及的必须是面试所要考查的重点。否则，面试时就会出现主试人海阔天空、漫无边际地提问，被试者不得要领、东拉西扯地回答的局面。

4.题目要有共性和个性

从面试的重点内容看，除"仪表风度"一项不必编制题目外，其余各项均要编制相应的题目，以便面试时有针对性地提问、考查。另外，由于被试者的经历不同，不可能对每个人都用同一套题目依序一问到底。因此，每项面试内容可从不同角度出一组题目，面试时根据情况有选择地提问，这样效果更佳。

同类岗位的面试题目可分为个性问题和共性问题两大类，具体如图4-2所示。

个性问题

要针对被试者的不同经历和岗位要求提出，而且问题必须非常明确具体，能紧紧抓住个人经历和岗位要求中有代表性的东西，提问不在多而在精。个性问题事先要经过周密考虑，基本上是定型的，但并不排斥根据临场情况做必要的变通

共性问题

主要指围绕岗位所需专业知识所提出的问题，对各个应试对象提问的范围和重点应基本相同，故称为共性问题。但要注意，所谓共性，是指提问的范围、类型、性质、大小和难易程度等，而不是对所有被试者都用同一套试题

图4-2 同类岗位面试题目的分类

5.题目要有可评价性、透视性

题目要有可评价性和透视性是指问题能够全面评测被试者的素质，编制

的问题一定不可"直来直去"，即"正面提问，正面回答，正面评价"，这种试题是没有任何作用的。好试题具有可评价性和透视性。这类题目的着眼点不是让被试者发表什么专业性意见，而是看被试者观察问题的能力，思考问题的深度，有没有独立见解，思想是否成熟，思路是否清晰，是否言之成理。此类题目的测试目标是思维能力、言语表达能力，测试点为思维的逻辑性、严密性，思维的广度和深度，分析比较能力，推理判断能力，综合概括能力，观察力和知识面，言语表达的逻辑性、流畅性和准确简洁程度。此类问题主要有图4-3所示的三类。

测试目标是计划组织能力，测试点有制订计划能力、协调配合能力、组织实施能力，以及如何充分发挥每个人的积极性

测试目标是人际关系的合作意识与技巧，特别是棘手关系的处理能力。测试点有沟通能力，原则性和灵活性，处理问题的方式，主动性和适应能力、应变能力

要求结合自己的情况进行分析，主要考查被试者的分析问题能力，是否能够从选择说明动机，从事业和兴趣说明其进取精神，至于选择的结果无关紧要

图4-3　具有可评价性和透视性的试题

6.题目要有内涵

内容有价值，与目的内在联系紧密，可以实现目的，否则要实现目的就是一句空话。另外，进入面试的可能是多位被试者，因而面试内容要有可比性，即通过对被试者按规定内容进行面试，不但可探知某人在这方面的情况，还可对所有被试者进行比较，以定优劣。

二、编制面试试题的要求

编制面试题时应按图4-4所示的要求进行。

1. 语言要精练、明确，不可模棱两可，语意不清。模棱两可或语意不清会给被试者带来思考障碍，不能让被试者充分发挥

2. 问题不可过长。过长的问题本身会成为被试者理解问题的障碍，一般提出问题的时间不可超过40秒

3. 问题要有针对性和明确的意图

4. 问题要注意政策。不可提侵犯被试者人权的问题，凡涉及个人隐私、家庭问题，尽可能回避

5. 提问的宗旨不是"问难、问倒"被试者，而是给被试者一个全面展示自己的机会，这样考官才能够发现问题，因此，"问好、问巧"是出题的宗旨

图4-4 编制面试题的要求

三、编制面试试题的程序

编制面试试题可按图4-5所示的程序进行。

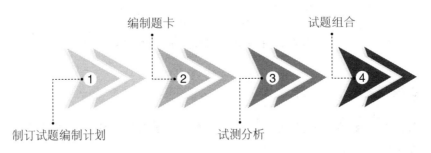

图4-5 编制面试试题的程序

1. 制订试题编制计划

制订试题编制计划，就是对整个试题编制工作做通盘的总体构思，把基本的东西先确定下来，使后面的工作有所遵循。事实证明，制订好试题编制计划，是使编题工作按部就班、顺利完成的保证。

试题编制计划应该明确图4-6所示的内容。

1	测评目的。明确为何测评及测评结果的用途
2	测评项目。明确对哪些素质项目进行测评以及测评结果的质量要求
3	测评对象。对考生的总体情况，如学历、专业、工作经历等构成有所了解，明确针对性
4	测评模式。明确是口试类的模式还是模拟操作类的模式，口试中是采用哪一种或几种？模拟操作考试中是采用哪一种或几种？只有具体确定后，才能考虑拟题
5	题型。明确采用哪些试题题型
6	取材范围。明确选用哪些素材
7	对拟题工作的质量与数量要求
8	工作程序与工作进度

图4-6　试题编制计划应该明确的内容

2.编制题卡

对于比较规范化的面试，为了满足考官临场选择、组合试题的需要，可编制面试题卡或试题本。

面试题卡，应包括表4-1所示的内容。

表4-1　面试题卡应包括的内容

序号	内容	具体说明
1	试题	即题面，包括"给定条件"和"作答要求"两部分。有时候，当"给定条件"不言而喻，或考生能想出时，也可省略

序号	内容	具体说明
2	答案	面试题的答案，有的是有唯一正确答案的，如知识测验；有的是没有统一答案的，但有可接受答案、允许答案；有的是既没有统一答案，也没有可接受答案、允许答案，只须考生作答就行。题卡中，要针对这些情况分别载明答案的类型：如正确答案、参考答案、答案要点、允许答案、可接受答案、无统一且不需统一的答案等
3	用途	即该试题的测评意图、可测评的项目或预期效果等
4	标准	根据答案情况，提出测评结论的指标及水平刻度，以便评定等级、得出分数或撰写评语
5	使用方法	对各种注意事项予以说明

3.试测分析

试题编制好以后，要对其质量进行鉴别，即对该题的鉴别力、难度、形式等问题进行判断。好的鉴别方法，是先选择一些"考生"进行测评，让其来验证试题的质量。

4.试题组合

结构化面试的基本试题，要在事先根据测评项目、测评时间、测评模式等进行组合，编配成试题本。面试考场上，在基本试题的基础上，考官应该可以针对考生的作答提出关联性、展开性试题。

四、常规面试试题的设计

在常规面试下，多位考官共聚一堂，按事先定好的次序每次面试一位应试者。面试中由主考官按拟定的题目提问，应试者按考官们提出的问题逐一回答。常规面试所采用的试题，可分为客观性试题和主观性试题两大类。

1.客观性试题

常规面试中的客观性试题，大多是"供给式"或"固定应答式"的，即问题本身就给定了一种或几种固定的答案，应试者的解答就是对已给出答案正确性的判断或对正确答案的选择及对问题进行简要回答（类似于笔试中的单选、多选或简答题）。

在设计此类试题时要注意图4-7所示的两点。

| 此类试题的题量不能太大，一般宜控制在整个面试分值的20%以内。题量太大则容易成为笔试的延续，抹杀面试的优点，也不易测评出应试者的实际水平 | 事项一 → 事项二 → | 这类客观性试题，一般用于面试刚开始的阶段，因为这符合人们由浅入深的认知规律，也可适当调节应试者刚进面试现场而造成的紧张心理 |

图4-7　设计客观性试题的注意事项

比如：

（1）"你能简单介绍一下你的家庭情况吗？"（这类问题应试者不必刻意思考便能回答）

（2）"最近在放映影片《×××××》，你看过了吗？（如果看过）那么你觉得这部影片让你震撼的是什么？气势恢宏的战争场面，主人公的人格魅力，故事情节，其他……"（可单选或多选）这类客观性试题就常规面试开始阶段来说比较合适。

2.主观性试题

在常规面试中，占绝大部分的应是主观性试题。这是一种"自由应答式"的试题，不同于客观性试题那种"供给式"或"固定应答式"。这类试题不仅可以有效地测试应试者，而且对这类试题的应答是应试者自己编织答案，能够提供给应试者充分表达自己见解、展示自己才能的机会，所以它既能帮助面试官深层次地了解应试者具备各项能力素质的情况，又能反映应试者之间的水平差异。

主观性试题的设计应注意表4-2所示的几点。

表4-2 设计主观性试题的注意事项

序号	注意事项	具体说明
1	弄清空缺岗位的任职资格条件要求	要弄清面试测评应试者的哪些素质？在这些素质中哪些是根本的、核心的，对甄选应试者具有决定性作用？哪些是相对一般的、次要的？常规面试中的主观性试题应占整个题量的80%左右，以20道左右题目为宜
2	把握好试题的难度、区分度	这就要求在设计面试试题时，与具体用人部门充分沟通，确定拟招录人员的能力、学历层次及工作经验要求，以此确定面试试题设计的难度与区分度
3	试题的表述要简明、清晰	主观性试题，应有一定的弹性，但它不是不着边际的联想和发挥的对象。在设计试题时，题意应清晰明确，尽量避免模棱两可，尤其要注意不要用同样的问题测不同的内容，以免使应试者糊涂，也可避免主考官评分时的犹豫和重复性给分
4	应事先设计好标准答案	尽管是主观性试题，也应有比较明确的、事先设计好的答案，以便多位面试考官评分时统一标准，避免给分的差距过于悬殊。当然，相对于客观性试题，它的答案不必过于死板，可以笼统一些，弹性大一些，只规定出某种倾向即可

五、情景面试试题的设计

情景面试又叫情景模拟面试，它把许多所谓"评价中心"的人员甄选技术纳入了面试中，比如公文处理（又称"文件筐技术"）、无领导小组讨论、案例分析、操作演示等。情景模拟面试试题的编制设计，受上述不同表现形式的影响，在具体操作过程中，应从试题内容编制和模拟情景设置两方面入手。

1.试题内容的编制

在设计模拟面试试题时，要注意考虑表4-3所示的几个问题。

表4-3　设计模拟面试试题的注意要点

序号	注意事项	具体说明
1	典型性问题	情景模拟试题所模拟的事件必须是典型的，这一方面表现为模拟的事件是应试者在未来工作中重要、经常、关键性的活动，而不是那些次要的、偶然的事件；另一方面，所模拟的事件不是原原本本地从实际原型中截取，而是把多种情况进行归纳、概括、集中成的一件事
2	逼真性问题	情景模拟的一个突出特点就是要求模拟得逼真。这一"逼真"不但要求模拟环境逼真，更重要的是要求应试者处理的问题、完成的任务（即试题内容）也要逼真。当然逼真并非要求做到"真实"，而是要求情景模拟的内容应当符合拟任工作的规律性和发展趋向性
3	难度适中	在情景模拟试题编制的难度上要适中，要与求职者所应聘的岗位相符。比如，对于应聘办公室主任这一职位的求职者，既不能以勤杂人员的要求设计试题，也不能以高级领导职位的要求去编制试题
4	突出主题	一般而言，情景模拟的事件往往是用人单位运营中的一系列片断，而模拟的目的是为了测评应试者的各项能力素质，所以要根据测评目的，有选择地裁剪、加工这些片断，区分主次，并找出一条贯穿各片断的主线，主要测量某一项能力，附带测量其他能力素质，而不能主次不分、轻重不明，让不太相关的细节浪费了宝贵的面试时间

2.模拟情景的设置

情景模拟的场地就是应试者的考场，然而这一考场与笔试考场和常规面试的考场有所不同，它是情景面试试题的一部分，它能对应试者起到岗位诱导、心理压力及操作指向的作用。

要特别注意模拟情景的"现场感"，做到有情有景、有声有色、情景逼真，使应试者进入考场后，能够很快进入其扮演的角色，由触景生情，到激发其多方面的才能，去完成测评任务。

比如，上海市某次外汇银行业务员计算机仿真测评，就刻意设计银行业务大厅的嘈杂环境，以测评应试者在这种仿真环境下处理业务的生理、心理素质，取得了很好的效果。

模拟情景设置追求"现场感"还有另一作用，那就是在应试者录用前就向其生动、逼真地展示了其未来工作的环境、专业技能要求情况等，使其能够更准确地校正和确认自己报考的岗位是否适合自身的各项条件及兴趣、意愿和理想。加深对岗位的了解，对其以后的工作情感和意志品质均有益处。

第二节
国考面试试题类型

公务员面试是一种经过组织者精心设计，在特定场景下，以考官对考生的面对面交谈与观察为主要手段，由表及里测评考生的知识、能力、道德等有关素质的一种考试。一般来说，国考面试试题主要有图4-8所示的几种类型。

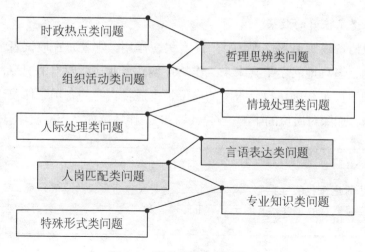

图 4-8　国考面试试题的类型

一、时政热点类问题

时政热点类问题以时政热点作为命题素材，题目命题紧跟国家时事政策、社会发展趋势以及现阶段与我国人民生产生活紧密联系的事件。通过此题型考查考生的综合分析能力。

比如：

（1）当今"微阅读"盛行。有人认为"微阅读"属于浅阅读，内容比较肤浅；也有人认为这种方式可以坐在车上随时阅读，节省时间。请谈谈你的看法。

（2）近年来，政府对扶贫工作高度重视，加大了对扶贫的投入。但在一些地方，投入的增加并没有带来明显的效果。村民反映收入并没有增加，因此对政府扶贫工作意见很大。对此，你怎么看？

（3）现在政府把一些公共服务事项通过政府购买的形式交给社会公益组织来开展，比如帮扶残障人士和贫困居民等。有人说这是政府社会服务的创新，也有人说这是政府懒政的表现。对此你怎么看？

二、哲理思辨类问题

哲理思辨类问题是以名言警句、哲理故事、哲理诗句、生活哲理等为命题素材。考官通过此题型考查考生的联想分析能力。

比如：

（1）有人说成功才会快乐，但美国心理学家肖恩说快乐才能成功，快乐是第一生产力。你怎么看？（名言警句）

（2）昨天的太阳晒不干今天的衣服，你怎么看？（名言警句）

（3）农夫养鸡，鸡每天下一只蛋。农夫想，如果每天多喂一倍的饲料，鸡就能下一倍的蛋。从此以后，农夫就每天喂给鸡一倍的饲料。结果鸡越来越胖，再没下过一个蛋。此故事给你什么启示？（哲理故事）

三、组织活动类问题

组织活动类问题直接考查考生解决问题的能力，包括统筹安排工作的能力、组织调配人财物的能力、协调利益主体间关系的能力等。考官通过此题型考查考生的计划组织协调能力。

比如：

（1）其他单位同志要来你单位参观，领导要你负责接待，你如何处理？

（2）你所在单位的领导要你负责一个地区的拆迁工作。在你负责的地方有为数不少的"钉子户"拒绝改造，你要怎样组织开展工作，完成领导交代的任务？

（3）你是环保局工作人员，需要在社区进行垃圾分类的宣传活动，你怎么宣传？

四、情境处理类问题

情境处理类问题主要是通过设置各种情境，给予考生一个特定的身份，要求其妥善处理突然发生或是情况复杂的各种问题和矛盾。

在面试考查过程中，情境处理类问题通常考查的是人们处于突发意外等压力情境下，能够迅速反应，抓住需要解决的问题，并寻求合适的方法，使事情得以妥善解决的能力。

比如：

（1）小王是税务窗口的工作人员，突然接到幼儿园的电话，说他的孩子发烧需要马上送医院，小王犹豫是否要回家，因此耽误了办理业务。此时一位排队等待了20分钟的群众情绪开始暴躁，与小王吵了起来，引起周围群众围观，还有人拍照。你是服务大厅的负责人，会怎么办？

（2）单位要提升你之前进行审核，有同事议论你利用职位之便帮助亲戚逃税，事实上你的亲戚根本就没有逃税，你怎么办？

（3）高考马上开始了，有部门专门组织了公交车去接考生，但大雨瓢泼，有很多学生没到，还有30分钟开考，你怎么处理？

五、人际处理类问题

人际处理类问题是对考生人际间的适应、人际合作的主动性、处理人际关系的原则性与灵活性以及对组织中权属关系的意识（权限、服从、合作、协调、指导、纪律、监督）等方面进行考查的一类题型。考官通过此题型考查考生的人际交往的能力。

比如：

（1）有个同事工作比较粗心，他和你关系比较近，你会怎么和他说？

（2）你和同事小李一起完成一个项目的洽谈工作。为了尽快完成任务，小李提出了最简单的合作方法，但你发现这种方式并不合适，若按此方法实行，还会影响你们的日后合作。你会怎么做？

（3）你单位要举行拔河比赛，要求经理都必须参加。但是单位的陈经理性格强势，同事们平时都对他敬而远之。一部分同事因与陈经理分到一个小组，参与的积极性不高。如果你是陈经理的助理，你怎么办？

六、言语表达类问题

言语表达类问题，往往要求考生针对题目给定的主题、设定的身份和情境等采取不同的语言形式和风格，准确地表达自己的思想，最终达到使信息接收者能够理解和认同的目的。考官通过此题型考查考生的言语理解和表达能力。

比如：

（1）小李连夜准备了表彰资料，但是表彰名单出现了错误，上级领导批评了他。你作为小李的领导，如何安慰沮丧的小李？请现场模拟。

（2）你单位现在有一次深造的机会，你很想争取，但是别的同事也很想争取，如果主考官就是你的领导，请问你要如何向领导争取这次机会？请现场模拟。

（3）你想组织一次读书活动，已经多次找领导请示，但领导以业务繁忙为由多次拒绝，现在你再一次去请示领导开展读书活动，你会怎么说？请现场模拟。

七、人岗匹配类问题

人岗匹配是指求职者的动机、能力、性格、价值观等方面要素与岗位任职要求是否吻合，同时岗位所提供的资源和平台能否满足求职者的需求，二者匹配程度越高，其胜任该岗位工作并能够稳定地从事该工作的可能性越大。

人岗匹配类问题是指考查考生报考公务员的动机，即为什么要报考公务员以及考生的职业价值观、职业兴趣、职业能力、性格特点等方面是否与公务员工作相匹配的试题，是对个人与岗位匹配度的一种考查。

比如：

（1）请用三个词语形容一下你自己的性格特点？（自我认知类）

（2）请向我们讲述一件你的经历中让你印象最深刻的事？（行为经历类）

（3）根据专业和能力情况看，你可选择的职业范围很广，为什么选择国家机关而且特别选择了我部门呢？（求职动机类）

八、专业知识类问题

专业知识类问题，是对专业知识进行考查的面试题目。这类问题在一些需要专业知识的部门、岗位的面试中会出现，如国考中的银保监会、证监会，省考中的法检系统等。

一般在公务员面试中的专业知识考查分为以下三种。

1.纯粹专业类的知识

这类题目的专业性比较强，需要考生在回答的时候自己对岗位要求的专业有着很好的了解。

2.与求职动机与拟任职位匹配性相结合

这类题目，是将专业知识融入求职动机这类题目中，目的是为了考查考生的性格、专业、学识等是否符合公务员岗位的招录，也能让其明确将来要成为一个怎样的人。

3.联系当下时政热点

在面试考试中，也可结合近几年的热点时政内容出题，考查考生对于国家现行的一些政策、国家的改革等有没有充分地了解，对于这些有没有自己的思考和见解。

比如：

（1）为促进节能环保，经国务院批准，自2015年2月起对电池、涂料征收消费税。结合这则消息，谈谈税收工作在经济发展中的重要作用。

（2）国务院法制办征求意见结束的《税收征收管理法修订草案（征求意见稿）》明确："国家施行统一的纳税人识别号制度"。你认为这一制度的施行将为经济社会发展带来怎样的影响？

九、特殊形式类问题

随着公务员结构化面试考试的不断深化，除了以上八种基本题型外，还存在一些形式比较特殊的面试题，如材料题、漫画题、视频题。

1.材料题

所谓材料题是指面试问题是依托给出材料而提出的，即在某一段背景性的材料后面附加一个或者几个问题的面试考查形式。材料题可以分为一材多题的材料题和一材一题（小材料题）的材料题。

比如：

材料大意：在纪念五四运动100周年大会后，三个青年干部谈感言，大意如下：

A：自己的发展要与时代国家同频，之前觉得自己进来以后的工作跟专业不对口，工作干得不顺心，但现在想法发生了改变。

B：刚参加工作想干一番大事业，结果工作却是每天跟琐碎的文件打交道，觉得很郁闷，听了大会讲话后有了新的启示。

C：作为一个基层扶贫干部，听了讲话更有干劲了。要做好基层扶贫工作，多关心贫困群众。尤其是需要特别关心留守儿童，他们没有条件跟父母联系，我就用自己的手机帮他们跟父母视频电话，看到他们激动的样子我很感动。

（1）请对三位青年干部的发言做点评。

（2）针对第二位的心理疙瘩，做一下安慰劝说。现场模拟……

（3）你单位要组织一次帮助留守儿童与父母视频电话的活动，你认为组织的重点有哪些？

2.漫画题

漫画题是一种以图画形式呈现的、比较特殊的题型。其一般表现为给出一幅漫画，漫画的内容以社会现象或人生哲理为主，要求考生为漫画拟定标题或针对漫画谈看法。漫画题大多数是以漫画的形式，反映当今社会的一些现象或者是某种寓言哲理。因此，漫画题测评的能力及要素与时政热点类、哲理思辨类问题类似。

3.视频题

视频题，就是考试现场给考生播放一段 1 ～ 2 分钟的视频，考官根据视频内容提出 1 ～ 2 个问题由考生进行作答，是一种更加注重考查考生的实际工作能力的题型。

企业面试试题类型

现如今，求职者想要找一份合心意的工作不太容易，而企业想要招一名合适的员工也不容易。为了得到各自所需，求职者会想尽办法去得到企业的青睐，而企业在招聘面试中也会用各式各样的问题去测试求职者各方面的能力。

一、导入型问题

此类问题的目的是降低候选人的紧张情绪，创造融洽的交流环境。

比如：

（1）您到这里需要多长时间？

（2）您住在哪里？

（3）我们这里还好找吧？

二、行为型问题

此类问题的目的是了解候选人过去某种特定情境下的行为表现。

比如：

（1）您是如何成功带领团队高效工作的？

（2）您是如何消除与同事间误会的？

三、智能型问题

此类问题的目的是考查候选人的逻辑性与综合分析能力。

比如：

（1）您如何看待办公室政治的问题？

（2）请问您对某某事（热门事件）有什么看法？

四、意愿型问题

此类问题的目的是考查候选人的动机与岗位的匹配程度。

比如：

（1）某公司招聘市场人员，应聘者分为两类，一类选择高底薪，另外一类选择低底薪，您会选择哪一种呢？

（2）您喜欢跟强势的领导工作，还是喜欢跟民主的领导工作，为什么？

五、情境型问题

此类问题的目的是可根据具体岗位组合测试要素考查求职者的组织能力。

比如：

（1）如果请您来组织面试您会如何组织？

（2）某日，总经理出差，您忽然接到税务局的通知，税务局要来进行税务稽查，此时您又联系不到总经理，您将如何处理这件事？

六、应变型问题

此类问题的目的是考查情绪稳定性与应变能力。

比如：

（1）领导开会时发言明显出错，您如何制止他？

（2）您的领导交给您一件根本无法完成的工作，请问您会如何处理这种情况？

七、投射型问题

此类问题的目的是降低题目的表面效度，尽可能地掩饰面试的真正目的，使用表面效度低的问题，让被试者难以直接判断考官真正要了解的内容。

比如：

（1）如果让你在工程师与公务员两个工作中进行选择，你会选择哪个？为什么？

（2）你如何评价原来的领导？他让你感觉很舒服的特点是什么？有哪些是你难以接受的？

八、管理性问题

此类问题的目的是考查应聘者的管理能力。

比如，应聘者求职意向为车间主任，可问：

（1）开班有哪些注意事项？

（2）收班有哪些注意事项？

（3）你如何处理剩余原料问题？

（4）员工不愿意打扫卫生你怎么办？

九、核实性问题

此类问题的目的是核实简历中的信息是否真实。

比如，应聘者在自己的爱好一栏里写爱好读书、足球，可问：

（1）你最近三个月内看过几本书？从这几本书里你学到了什么？

（2）欧洲杯最新战况如何？

十、操作性问题

此类问题主要是动手操作能力的测试。

比如，招一名电器工程师或者质量管理员，可以带着到现场进行实际的操作，以验证其技能的适合性。

下面提供几份面试试题的范本，仅供参考。

实战范本

××集团公开招聘岗位面试问题

一、集团综合管理部总经理办公室文秘兼企管专员

◆专业问题

（1）当你准备向领导报告时，一份机密文件不见了，第二天又出现在你的抽屉里。如何处理这件事？（主要考量专业知识和专业能力）

（2）公司领导突然告诉你，明天有重要人物到公司考察参观，你觉得需要做哪些方面的准备工作？（主要考查组织接待工作能力）

（3）企业经营分析的主要指标体系有哪些？（主要考量专业知识和专业能力）

◆压力问题

（1）请谈一谈你对加班的看法？（主要考虑该岗工作灵活，可能需要配合领导时间，有加班，测试应聘者是否愿意为公司奉献，实际不一定加班多）

（2）经过刚才的面试，我们认为你的表现不是很理想，不太适合我们的职位，如果这次不被聘用，你有什么想法和打算？（主要考查考生自我情绪控制的能力，看考生在较为现实的强刺激情境当中，能否还保持冷静的头脑和自信心，并做出积极的反应，进行正确的判断和评价）

二、集团人力资源部人力资源开发专员

◆专业问题

（1）内部招聘与外部招聘的利弊？（主要考量专业思路和专业能力）

（2）如何才能获得有效的培训需求？如何衡量培训效果？（主要考量专业思路和专业能力）

（3）什么是STAR原则？（主要考量专业思路和专业能力）

（4）员工培训的结果可用于哪些方面？（主要考量专业思路和专业能力）

◆压力问题

（1）你怎么看待你上一份工作？（主要考量个人综合素养）

（2）你未来3～5年的职业规划是什么？（主要考查应聘者是否有清晰的目标的个人规划）

三、集团项目管理部项目专员

◆专业问题

（1）"五牌一图"的具体内容？（主要考量专业知识和专业能力）

（2）安全事故隐患的处理方法？（主要考量专业知识和专业能力）

（3）安全生产检查监督的主要内容？（主要考量专业知识和专业能力）

（4）业主方的项目管理包括实施阶段的哪些过程？（主要考量专业知

识和专业能力）

◆压力问题

（1）在完成某项工作时，你认为部门主管要求的方式不是最好的，自己还有更好的方法，你应该怎么做？（主要考量沟通协调能力、解决问题能力、工作心态、原则立场等）

（2）为什么选择应聘我公司该岗位？（主要考查应聘者对公司的认知和对自我的规划）

四、集团计划财务部主管会计

◆专业问题

（1）收益性支出与资本性支出的差异是什么？（主要考量专业知识和专业能力）

（2）会计管理与财务管理有何不同？（主要考量专业知识和专业能力）

（3）企业一般如何合理避税？（主要考量专业知识和专业能力）

◆压力问题

（1）如果你部门团队人员的工作出现失误，给公司造成经济损失，你该怎么办？（主要考量自律性、沟通协调能力、解决问题能力）

（2）在实际工作中，有人即使做了很多工作，也不会告诉领导；而有人没干什么工作，却经常一大堆抱怨，你作为团队的管理者，会怎么做？（主要考量沟通协调能力、解决问题能力）

五、集团投融资发展部副部长

◆专业问题

（1）企业项目融资的方式有哪些？请简要说明。（主要考量专业知识和专业能力）

（2）债权和股权投资分析的异同是什么？（主要考量专业知识和专业能力）

（3）债权融资和股权融资的利弊及风险是什么？（主要考量专业知识和专业能力）

◆压力问题

（1）小孙和小赵在同一单位，小孙业务能力强，但性格孤僻；小赵勤勤恳恳，但能力一般。小孙经常瞧不起小赵，小赵对小孙也经常抱怨，为化解两人矛盾，作为他们的领导，你有什么好建议？（主要考量管理能力、沟通协调和解决问题能力）

（2）本来你的工作责任已经很重了，可领导却又给你安排了另一项重要任务，你觉得没有时间和精力再承担更多工作，但又不想与领导发生冲突，面对这个问题，你会怎么处理？（主要考量沟通协调能力、解决问题能力、工作心态等）

六、集团投融资发展部投前管理专员

◆专业问题

（1）对投资项目开发和运行阶段进行调查的主要内容是什么？（主要考量专业知识和专业能力）

（2）简述1～2种企业估值方法。（主要考量专业知识和专业能力）

（3）简述直接法和间接法推算现金流量表的方法和区别。（主要考量专业知识和专业能力）

◆压力问题

（1）如果领导让你去某单位办一件行政审批手续，而具体办事人员对你单位有意见，有意拖延时间，你怎么办？（主要考量沟通协调能力、解决问题能力、工作心态等）

（2）你希望与什么样的上级一起共事？（主要通过应聘者对上级的希望，可以判断出应聘者对自我要求的意识，这种问题既是一个陷阱，也是一次机会）

七、城市资产经营公司综合管理专员

◆专业问题

（1）单位组织召开一项重要会议，让你负责会议中幻灯片演示的工作，会议开始后你发现光盘打不开，你会如何处理？（主要考量专业知识和专业能力）

（2）企业一般如何进行档案的分类，分哪几类？（主要考量专业知识和专业能力）

（3）企业常用的公文文种有哪些？（主要考量专业知识和专业能力）

◆压力问题

（1）如果部门主管安排一项工作，要求你立即执行，而你却不理解这项工作，你将如何处理？（主要考量执行力和主动思考能力）

（2）入职两个月，如果公司认为你仍不能胜任此岗位，你该如何做？（主要考查应聘者受挫能力）

八、城市房地产公司工程管理专员

◆专业问题

（1）建筑工程施工成本控制的步骤有哪些？（主要考量专业知识和专业能力）

（2）混凝土结构工程施工质量控制主要从几个方面进行？（主要考量专业知识和专业能力）

（3）请简述工程投标过程及投标文件分析方法（主要考量专业知识和专业能力）

◆压力问题

（1）部门的副部长对你非常热情，经常请你吃饭，而你知道副部长和部长之间有矛盾，在这种情况下，你如何处理？（主要考量廉洁自律性、沟通协调能力、解决问题能力等）

（2）你由于工作需要经常出差，虽然你不愿意，但依然服从。但有人却认为经常出差是因为你与领导关系好，可以借机游山玩水，对于这种情况，你怎么办？（主要考量沟通协调能力、解决问题能力、工作心态等）

九、城市房地产公司工程测量专员

◆专业问题

（1）水准路线有哪些形式？各种路线形式的概念是什么？（主要考量专业知识和专业能力）

（2）建筑工程测量的任务是什么？（主要考量专业知识和专业能力）

（3）在测量过程中产生误差的原因主要有哪些？（主要考量专业知识和专业能力）

◆压力问题

（1）如果实际工作中有论资排辈的现象，你的才能难以发挥，你会怎

么做？（主要考量工作心态、廉洁自律性、解决问题能力等）

（2）你的工作出现了失误，你的上一级领导已有所耳闻，但你的本级领导因为害怕影响部门的评功评奖及绩效，决定掩饰你的错误，在这种情况下你怎么办？（主要考量沟通协调能力、解决问题能力、廉洁自律能力等）

××公司销售员面试题

1.口头表达能力

目的：缓解候选人的紧张情绪，为面试创造一个融洽的交流环境，同时简单了解候选人的家庭住址等情况，从而辨别上班距离会不会成为影响面试成功的因素。

题目：你是哪里人？住在哪里？坐车到这里要多久？

目的：对候选人的学习情况，工作经历进行了解，测试候选人语言逻辑、思维方式、表达及沟通能力，有没有特殊口头禅、口音等。

题目：简单自我介绍一下。

2.灵活应变能力

目的：了解候选人的价值观。

题目1：是什么原因让你离开上一家公司呢？

题目2：您在选择工作中更看重的是什么？

3.有效的沟通技能

目的：了解候选人个人工作能力及团队意识，表达是否具有说服力，概念描述得是否清楚，思路是否有条理，用词是否准确，是否能吸引听者的注意力，以及应聘者是否能保持与对方目光接触，等等。

题目1：请讲一个你曾经遇到的最有挑战性的沟通方面的问题。为什么认为那次经历对你最富有挑战性，你是怎样应对的？

题目2：假如你的两个同事的冲突已经影响到整个团队，让你去调节冲突，并使冲突双方能够自己解决问题，你会怎样做？

4.销售能力

目的：考查候选人的听说能力；产品知识和人的品位；销售策略和市场渗入策略；具有说服力，但又不使用花招的沟通能力；既有取得较好个人业绩的欲望，又有服务客户的强烈意识。

题目1：假如你的产品和服务的确是某公司需要的，但那个公司内部很多人士强烈要求购买质量差一些但价格便宜的同种产品。客户征求你的意见，你该怎样说？

题目2：给你定的销售任务很大，完成任务的时间又很短，你用什么办法以确保达到销售任务目标？

5.情绪控制能力

目的：了解候选人在压力状况下，能不能保持情绪稳定，个人情绪会不会随环境和境遇的变化而产生大的波动。

题目1：假如你的上司是一个非常严厉、手腕强硬，时常给您巨大压力的人，您觉得这种领导方式对您有何利弊？

题目2：您的领导给您布置了一项您以前从未触及过的任务，您打算如何去完成它？

6.总结部分

目的：了解候选人对薪资的要求，看公司能否满足，如若不能满足，看以什么条件吸引候选人。

题目：您期望的薪资待遇是多少？

实战范本

××公司的面试问话表

本表适用于面试时抽取的问题，每名候选人使用6～8题为宜，关键性人才适当增加。

1.语言表达与仪表

序号	识别项目	面试识别要点参考
1	谈谈你自己，对自己的评价	观察是否流畅、有条理、层次分明、表达能力如何
2	你有什么优、缺点	应聘者对自己的判断是否中肯、自信，自卑和自傲的倾向如何
3	谈谈你的一次失败经历	如果能迅速作答，则应聘者反应灵敏，或善于总结教训
4	请讲述一次让你很感动的经历	考查应试者是否有感性

2.工作经验

序号	识别项目	面试识别要点参考
1	你最近的工作是负责什么	应聘者是否曾关注自己的工作，是否了解自己工作的要点
2	你认为该工作的挑战性及难度	只有熟悉的工作才能准确回答此问题，判断其处于什么层级
3	你以前在工作中主要处理什么问题	通过其对工作的归纳来判断业务的熟练程度及关注度。可继续追问细节
4	对以前工作中有什么好的建议计划	了解其工作的改善能力，继续追问细节，避免其随意编造或夸夸其谈

3.应聘动机

序号	识别项目	面试识别要点参考
1	为什么到我们公司应聘，对我们公司了解些什么	只为找到一份工作糊口而盲目求职的人培训潜质不高，但对公司的不了解不应成为重点
2	谈谈你现在的工作情况，包括待遇、工作性质等	关键在于追问对方对目前状况的满意程度，再综合其他因素判断其在本公司的稳定程度
3	你为什么换工作，原单位有什么不足	观察对方的眼睛，判断对方是否说实话。把原单位说得一文不值的人不宜录用

续表

序号	识别项目	面试识别要点参考
4	你对我们公司提供的工作有什么要求	能大胆而客观地提出要求的优先，提出不切合实际要求的可不予考虑
5	你喜欢什么样的领导和同事	喜欢什么样的人，自己也将最终成为那种人
6	你认为个人事业成败由什么决定	价值观的一种，不同职位需要不同价值观的人，不能和企业文化差太远
7	你喜欢什么样的工作，为什么	了解对方的职业倾向，以判断对方是否适合应聘的职位

4.事业心、进取心、自信心

序号	识别项目	面试识别要点参考
1	你个人有什么抱负或理想，你准备怎样实现它	可追问，但要避免对方夸夸其谈
2	你认为这次面试能通过吗，理由是什么	理想情况是既自信又不狂妄
3	你的职业发展计划是什么	有计划的人才是真正有进取心的人，但要看对方所描述的是否适合本职位

5.工作态度、组织纪律性与诚实可靠性

序号	识别项目	面试识别要点参考
1	你如何看待加班这种情况	理想情况是既能接受加班，又不赞成加班
2	在工作中看见别人违反制度，怎么办	"挺身制止"并非最佳答案，关键在于回答的思路
3	你在工作中喜欢经常与主管沟通、汇报工作，还是最终才做一次汇报	无标准答案，工作习惯问题
4	制定制度作用是什么，怎样发挥其有效性	观察对方是否言不由衷

6.分析判断能力

序号	识别项目	面试识别要点参考
1	你认为自己适合什么样的工作	希望对方能结合自己的性格、能力、经历有条理地分析
2	你认为怎样才能跟上飞速发展的时代而不落后	可观察对方平时是否会主动性学习
3	吸烟有害健康,但烟草业对国家的税收有很大的贡献,你如何看待政府采取禁烟措施	虽与工作无关,但可以观察对方看问题的角度与推导的思路

7.应变能力

序号	识别项目	面试识别要点参考
1	在生活中你做了一件好事,不但没人理解你,反而遭到周围人的讽刺,你怎么办	反馈时间作为参考,若对方在20秒内还没有回答,可以转入下一个问题
2	在一次重要会议中,领导将一重要数字念错了,如果不纠正会影响工作,你怎么办	

8.自知力、自控力

序号	识别项目	面试识别要点参考
1	你认为自己的长处和短处是什么,怎样才能做到扬长避短	关注对方对自己短处的描述
2	你听见有人在背后议论你或说风凉话,你怎么处理	关注对方思维的出发点
3	领导和同事批评你时,你如何对待	观察对方是否言不由衷
4	假如这次面试你未被录取,你今后会做哪些努力	观察对方提到问题时瞬间的反应

9.组织协调、人际关系与适应能力

序号	识别项目	面试识别要点参考
1	你担任过什么社团工作	顺势追问细节,全面观察对方
2	你喜欢和什么样的人交朋友	营造轻松氛围,尽量让对方放低戒心,展开叙述,从中观察细节

序号	识别项目	面试识别要点参考
3	你怎样去适应新环境，大概需要多久	可以先举例引导对方，比如：想象你到了一个陌生的城市拓展市场业务……
4	你喜欢主动工作还是由上级安排工作，你喜欢独立工作还是与别人合作	两类人都有可取的地方，当对方选择其中一个时，可追问他对另一类人的看法

10.精力、活力与兴趣、爱好

序号	识别项目	面试识别要点参考
1	你喜欢什么运动	将对方的兴趣分为身体接触对抗型、不接触对抗型、非竞争型、静止型、独享趣味型等再进一步分析
2	你业余时间怎样度过，喜欢什么电视节目，喜欢看什么书	将爱好与应聘的职位一起分析，寻找共同点，判断对方今后对职业感兴趣的可能性
3	你一般什么时候休息，什么时候起床	作息有规律者优先
4	你经常和朋友玩到很晚才休息吗	能熬夜是精力充沛的表现，但若是经常"玩"得很晚，则上进心不足

11.专业知识水平及特长

序号	识别项目	面试识别要点参考
1	你认为自己最擅长的是什么	与应聘职位一起综合考查，寻求共同点
2	谈谈你对本专业现在发展情况的了解，你认为业界今后的发展如何	时刻掌握专业最新资讯的有培养潜力
3	你有什么级别的专业资格证书和能力证明，你认为它们能证明你能应付工作中的什么具体问题	对本专业的深度理解
4	你最近阅读、写作或发表了什么专业文章或书籍，有何收获	一般侧重于阅读的收获

第四节

无领导小组讨论试题编制

编写无领导小组面试题目，最重要的是渲染矛盾点，形成争论点，同时，需要紧扣现实，能够落地。只有这样，设计出的试题才能既让候选人有话可说，形成争论，又能让面试官更好地考查区分候选人的能力和素质。

一、无领导小组讨论试题编制的原则

无领导小组测试可以反映应聘者在团队协作中的行为方式，判断其在实际工作中的实际表现。无领导小组讨论试题编制应遵循图4-9所示的原则。

图4-9　无领导小组讨论试题编制的原则

1.现实性

要根据招聘岗位性质的不同，设计不同的题目，通常要具有一定的模拟效果，即所设计的讨论题目是一个独立的、逼真的，并与实际工作有关的问题。无领导小组讨论的试题在内容方面要求从实际工作中选取典型的案例，供被测评者讨论。

2.一致性

讨论题目的设计必须建立在一定的测评标准和测评维度上，这样设计出来的题目才具有针对性。

3.可争辩性

所谓可争辩性，就是我们设计的题目没有对错之分，但题目有较多的可争辩点，能够引起候选人激烈的讨论行为，让他们在讨论的过程中真实地把自我表现出来。面试官通过他们的讨论来观察和评价其各项能力素质。同时，每一方的答案都是开放性的，大家经过讨论，不同经历、性别等的人会有不同的答案。

4.难度适中

我们设计无领导小组讨论题目，主要是想让候选人有话可说，这样才能达到我们考查的目的。如果题目设计太难，大部分的候选人都无话可说，那这样的题目就失去了意义。但题目也不能太容易，否则可能无法区分候选人的真实水平。

如何区分难度呢？大家的题目设计出来后，可以召集同事，让他们来理解材料。如果绝大多数人在规定的时间内对材料理解基本到位，就可以认为是难度适中；如果绝大多数参与者没有经过认真阅读，很快就能理解材料，就可以认为难度较低，可以适当增加难度；如果绝大多数参与者在规定的时间内对材料的理解都不到位，那就说明材料难度过大。

二、无领导小组讨论试题编制的要求

无领导小组讨论试题编制的要求如图4-10所示。

1 测试题目应有两套以上，以备测试时临时改换

2 测试题目应内涵深刻、立意高远，同时应使可讨论的内容具体、现实，以便能正确地评价

3 测试题目的内容应与拟任职务匹配，以便达到最大程度的情景模拟

4 测试题目应具有相当难度，而且可以从多角度阐述，适合讨论

5 测试题应具有典型性、客观性，可以全面考查被评价者能力，而且使被评价者在测试中地位平等，机会相等

图 4-10　无领导小组讨论试题编制的要求

三、无领导小组讨论试题的设计类型

在采用无领导小组讨论方法面试求职者时，可以设计以下几种题目类型来达到测试目的。

1. 意见求同型

意见求同，就是应聘者可能对问题有不同意见，但要求他们在规定的时间内达成一致的意见。这种题目常见的出题思路是对一个问题有若干种备选项目，让应聘者对备选项目的重要性进行排序，或者选出符合某种条件的选项。

2. 团队实操型

团队实操型问题，是给应聘者一些材料、工具或者道具，让他们利用所给的这些材料，设计出一个或一些由测试者指定的物体，主要考查应聘者的主动性、合作能力以及在一些实际操作任务中所充当的角色。出题人可以提供一些物品或文字材料，让应聘者共同设计一个作品或一个方案。

3.资源争夺型

所谓资源争夺，就是题目情境提供给应聘者的是一些有限的资源，这些资源可以是钱、空间、物品、人、机会等，每个小组成员都是代表各自的利益或各自从属的群体的利益，他们每个人都设法使自己获得更多的资源。但同时如果资源没有合理分配，每个应聘者都会被扣分。

比如，应聘者分别是一个企业不同部门的主管，都在为部门员工争取年终优秀员工奖，题目要求他们在40分钟内达成一个统一的意见，否则任何部门都不能得到这笔奖金。

4.两难型

两难式问题是指让应聘者在两种互有利弊的选择项中选择其中的一种，并说出选择的理由。在编制这种问题时，一定要注意使两难的选项具有对等性，即使得应聘者选择两种选项的概率大致相等，不要使应聘者都轻易地倾向于选其中的某一个选项。

经典案例

按公式设计无领导小组讨论面试题

要达到面试的目的，设计无领导小组面试题目时必须要进行题目类型的组合，多选用两难问题、多项选择问题、资源争夺问题相结合。

可按以下公式来出题：

公司业务简介＋岗位工作流程描述＋问题设计（创造两难问题＋提供多项选择问题＋形成资源争夺问题）＋形成争论点

（1）公司业务简介。题目设计的背景跟公司业务相关，这让考生有一种亲切感，提高对他们的吸引力。

（2）岗位工作流程描述。在设计之前，先了解岗位的业务的流程，然后根据业务流程来设计整个方案的逻辑。

（3）问题设计。在业务流程的各个环节，设计两难问题、多项选择问题、资源争夺问题。

通过以上公式，就可以设计一个比较好的贴近公司实际情况的无领导小组讨论问题。

比如，××公司需招聘一名检修工程师，经过简历筛选和HR的初试，复试时，面试官决定采用无领导小组讨论的方式，编制出的试题如下：

一家公司出售太阳能热水器，主要用于军营与户外活动。（公司业务简介）

每一位销售人员都有一个销售样品，在销售之前，销售人员必须进行样品的清洗，而后送到检修部检修。（岗位工作流程描述）

检修部只有小王一个人。一般检修时间需要一个小时，但由于销售人员每次清洗得都不是很干净彻底，导致检修部必须临时清洗，使得检修时间要两个小时。一天两位销售人员同时各送来一部机器，并且都未能彻底清洗。他们两个小时之后都要去见客户，并且两位客户一样重要。两位销售人员要求不清洗直接进行检修。（创造两难问题＋提供多项选择问题＋形成资源争夺问题）

如果你是检修部工程师小王，你会怎么做？（形成争论点）

【点评】

（1）这个试题中，首先介绍公司是做太阳能热水器的，由于招聘的岗位是检修工程师，这个案例的所有内容，都是来自检修工程师的日常工作。

（2）试题的第二部分，简要介绍岗位工作流程，为后面的问题设计埋下伏笔。

（3）试题的第三部分，可形成以下争论点：

①人员稀缺。检修部只有一个员工，所以人力不足，意味着这个员工必须牺牲某些人的利益。

②时间稀缺。由于正常检修需要一个小时，临时清洗需要一个小时，再加上两位销售人员两个小时候都要见客户，加剧了时间的稀缺性。

③职业道德与现实的冲突。两位销售人员都要求不清洗，这样的要求，对检修工来说，可能可以保证完成工作任务，但是对客户来说，却是不负责任的表现。

四、无领导小组讨论试题编制的步骤

无领导小组讨论试题编制的步骤如图4-11所示。

图4-11　无领导小组讨论试题编制的步骤

1.工作分析

进行有关的工作分析，了解拟任岗位所需人员应该具备的特点、技能，再根据岗位的特点和技能来进行有关试题的收集和编制。

2.信息收集

收集拟任岗位的相关案例，所收集的相关案例应该能充分地代表拟任岗位的特点，并且能够让被试者处理时有一定的难度。

收集案例时，最好从公司日常的业务着手。

比如，你要面试售后人员，那你最好先去了解本公司售后人员的业务情况，确保内容来自实际的、真实的工作。一方面，这样可以让候选人提前感受他们进入公司以后的工作状况；另一方面，面试官也可以从他们的应对考查是否适合。

收集案例最好的方法是岗位关键事件法。我们可以通过对优秀的骨干及主管进行访谈，了解待测岗位的主要工作内容、主要任务；了解这些工作各自的属性；了解工作中哪些需要决策，哪些需要协调，哪些需要计划，哪些属于突发事件，有哪些冲突事件等。我们需要重点收集待测岗位的关键事件，所收集的事件案例应该能充分地代表待测岗位的特点，并且能够让被试者处理时感觉相应的难度。

3.整理筛选

对收集到的所有原始案例进行整理、筛选，选出难度适中、内容合适、典型性和现实性均较好的案例，可采用图4-12所示的两种方法进行。

可以将所有素材进行归类，参照无领导小组讨论面试题目的类型进行分类，如哪些素材会体现两难，哪些素材会体现多项选择，哪些素材体现资源争夺等

可以按照测评维度进行分类，如哪些素会材体现说服力，哪些素材会体现组织协调能力等

图 4-12 整理筛选案例的方法

加工和整理可以使筛选出的案例具备科学性、实用性、可评性、易评性等特点，成为既凝练又典型的讨论题。

4.试题评估

讨论题编制完成以后，对相关的一组人（不是被评价者）进行测试，来检查讨论题的优劣，检查此讨论题能否达到预期的目的。

5.试题修正

检验完后，对于效果好的讨论题便可以直接使用，而对于不好的讨论题则要进行修正，直至其达到预期的效果。

6.信息反馈

试题使用后，把测试时的预测结果与工作绩效对比，总结试题在使用中的优劣，进行信息反馈。

下面提供一份无领导小组讨论试题的范本，仅供参考。

无领导小组讨论试题

题目一：2019年武汉军运会期间，中央广播电视总台各频道的军运节目精彩纷呈。中央广播电视总台开辟了每天不少于10小时的赛事直播时段，播出军运会精彩赛事。这其中大部分节目均在主媒体中心（MMC）

三、四楼的国际广播电视中心（IBC）录制。中央广播电视总台在此搭建了面积为2899平方米的现场演播区，包括制作区、办公区和4个大型演播厅，录制的节目分别供央视体育频道、军事频道、新闻频道，以及央视新媒体等平台播出。

军运会结束后，4个演播厅如何处理，有以下几种意见：

（1）部分作为军运会痕迹保留在原地。

（2）赠送给世界其他参赛国家。

（3）赛后现场拆除。

（4）各持权转播商运回。

（5）现场向社会拍卖。

（6）一些演播厅整体移至武汉的一些大学，作为高校科研、教学使用。

你认为应该如何处置这些演播厅，请按你的想法选出3项。

【说明】

（1）你有5分钟的时间阅读题目和进行独立思考（最好能拟出提纲）。

（2）按考号的顺序作答，每人限3分钟阐述自己的观点。

（3）用30分钟时间就这一问题进行自由交叉辩论，在辩论过程中，应试者可更改自己原始的观点，但对新观点必须明确说明。在结束时应拿出一个一致性的意见，即得出一个你们共同认为最好的解决方案。

（4）派出一个代表来用3分钟的时间汇报你们小组的意见，并阐述你们做出这种选择的原因。辩论结束后，应试者将拟写的发言提纲交给主考官，应试者退场。

题目二：武汉作为中国中部的一座新一线城市，想拍摄一部在国外播放的宣传片（英语解说），吸引在国外留学的中国学生和一部分外国人到中国武汉来工作和创业，请在以下的拍摄项目点上选取最为重要的5个项目。

（1）优质教育资源，在读大学生人数中国第一；

（2）长江深水航道可以直航；

（3）是中国水陆空三栖的交通中心；

（4）敢为人先追求卓越的城市精神；

（5）武汉设立长江新城；

（6）幸福之城（环境和幸福）；

（7）艺术文化之城；

（8）刚刚主办过世界军人运动会；

（9）武汉是座英雄的城市，为抗击新型冠状病毒性肺炎作出牺牲。

【说明】

（1）你有5分钟的时间阅读题目和进行独立思考（最好能拟出提纲）。

（2）按考号的顺序作答，每人限3分钟阐述自己的观点。

（3）用30分钟时间就这一问题进行自由交叉辩论，在辩论过程中，应试者可更改自己原始的观点，但对新观点必须明确说明。在结束时应拿出一个一致性的意见，即得出一个你们共同认为最好的解决方案。

（4）派出一个代表来用3分钟的时间汇报你们小组的意见，并阐述你们做出这种选择的原因。辩论结束后，应试者将拟写的发言提纲交给主考官，应试者退场。

如果到了规定的时间你们没有得出一个统一的意见，那么你们每一个人的分数都要相应地减去一部分。

评分点：言谈举止得体（5%）；发言主动生动（15%）；论点准确（15%）；综合分析与论证说理能力（15%）；提纲挈领（20%）；组织、领导能力（30%）。

题目三：能力和机遇是成功路上的两个非常重要的因素。有人认为成功路上能力更重要，但也有人认为成功路上机遇更重要。

【说明】

请您首先用5分钟的时间，将答案及理由写在答题纸上，在此期间，请不要相互讨论。

在主考官说"讨论开始"之后进行自由讨论，讨论时间限制在25分钟以内。在讨论开始时每个人首先要用1分钟时间阐述自己的观点。注意：每人每次发言时间不要超过2分钟，但对发言次数不作限制。

在讨论期间，你们的任务是：

（1）整个小组形成一个决议，即对问题达成一致共识。

（2）派一名代表在讨论结束后向主考官报告讨论情况和结果。

题目四：

【背景材料】

材料1："城市名片"除了古建筑外，还应该包括老街区、老字号、街道的名称、名人故居、当地历史人文的内容，这些都代表了我们的城市文化，其中生活习俗也是展现文化的一部分。某位专家说："其实，城市的成立与其论述是有一定关系的。"

材料2：网络征集保护城市记忆的方案：①制作文化历史电视宣传节目；②组织一次文化景点实地旅游节；③举办当地特色美食节；④建造城市博物馆；⑤百年老字号推广活动。

材料3：东北老工业基地面临一些问题，如：老旧机器岁月痕迹重；国有企业占有工业产品所有权，文化保护并未将其列入保护范围；老工业园区周边环境恶劣，逐渐被忽视遗忘等。

【问题】

（1）就某位专家说的"其实，城市的成立与其论述是有一定关系的"谈一谈你的理解。

（2）从材料2给定的活动方案中选择一项，并制定出最后的活动方案。

（3）针对材料3提出振兴工业基地的建议。

【要求】

（1）本场考试为75分钟（9位考生）。

（2）请考生轮流回答问题1，每人发言时间不超过2分钟。

（3）请考生就问题2和问题3进行自由讨论，最后需要达成一致性的意见。

题目五：

作为一名海外留学回国人员，你在武汉安家落户了，你认为你所在的单位怎么才能激发你们的工作绩效，才能使你有最佳工作动力。从以下选取最为重要的3个项目。

（1）有趣的工作；

（2）认可工作成绩；

（3）参与感；

（4）安全感；

（5）丰厚的工资；

（6）在组织中的成长与晋升；

（7）良好的工作环境；

（8）对员工诚实；

（9）弹性的纪律；

（10）个人问题得到同情和帮助。

【说明】

（1）你有5分钟的时间阅读题目和进行独立思考（最好能拟出提纲）。

（2）按考号的顺序作答，每人限3分钟阐述自己的观点。

（3）用30分钟时间就这一问题进行自由交叉辩论，在辩论过程中，应试者可更改自己原始的观点，但对新观点必须明确说明。在结束时应拿出一个一致性的意见，即得出一个你们共同认为最好的解决方案。

（4）派出一个代表来用3分钟的时间汇报你们小组的意见，并阐述你们做出这种选择的原因。辩论结束后，应试者将拟写的发言提纲交给主考官，应试者退场。

如果到了规定的时间你们没有得出一个统一的意见，那么你们每一个人的分数都要相应地减去一部分。

评分点：言谈举止得体（5%）；发言主动生动（15%）；论点准确（15%）；综合分析与论证说理能力（15%）；提纲挈领（20%）；组织、领导能力（30%）。

公文筐测试试题编制

试题编制是公文筐测试过程中的核心环节，是直接影响测评效果的关键。如果这个环节的工作做得不好，那么测评实施与结果评定等环节也很难保证，公文筐测试的有效性和可靠性就无从谈起。

一、确定测评要素

测评要素的确定要依据两个方面来进行。

1.岗位分析

通过岗位分析或胜任力特征分析来澄清拟任岗位的要求，通常需要分析岗位的职责与任职要求，这可以通过查阅有关职位说明进行，同时还要与任职者或者其上级领导进行深入细致的访谈，以澄清拟任职位的关键任务指标和胜任力特征。如果可以访谈的任职者数量比较多，还可以采用问卷的方式进行调研。

2.工作分析

有效的工作分析是公文筐测试的最核心的基础工作，工作分析的关键内容开展得越规范、越全面、越深入、越细致，公文筐测试的题目设计就越容易，测评结果的信度、效度也就越高。但仅有系统的工作分析还远远不够，对行为特点、企业内外环境、企业文化和测评目标的分析也是测评题目设计时需要考虑的重要内容。

二、编制文件

文件的编制是公文筐测试编制过程中的核心环节，主要包含图4-13所示的三个步骤。

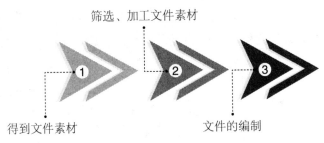

筛选、加工文件素材

得到文件素材

文件的编制

图 4-13　公文筐测试文件编制的步骤

1.得到文件素材

文件素材不能凭空杜撰，必须从任职者的实际工作来。一种比较有效的方法是请一批比较好的任职者或者他们的直接上级开个交流会，运用关键事件法，让他们回想自己印象比较深刻的在工作中处理过的各种事情，并要求他们写出来。

为了得到任职者的配合，对关键事件的回忆通常从正面事件开始，因为大多数人谈论自己比较成功的事情还是比较容易的，这样做能使他们很有信心，从而乐于去回忆。为了不至于使获得的事情太发散，事先应该将测评要素及其内涵告诉他们，让他们围绕这些要素来回忆。至于征集关键事件的总体数量的多少，要根据所需要编制的文件的数量而定，一般要按所需文件数量的两倍到三倍来征集。

通过上述方法，可以确定拟任岗位的素质要求，但公文筐测试方法不一定对所有的测评要素都适合，这就需要根据方法本身的特点进行选择。通过这一步骤，可以确定公文筐测试要测评什么要素，哪些要素可以得到充分测评，各个要素应该占多大的权重等。

2.筛选、加工文件素材

运用关键事件法得到的大量素材，有一些可能不符合要求，比如说有的事件根本就反映不出相应的能力来，这种情况就得看事件能否反映别的测评要素。如果什么都反映不出来，就可以把这个事件淘汰掉了；如果能够反映出别的要素来，就可以把这个事件归类到相应的要素上。

然后就是对剩下的许多事件进行加工。因为任职者写出来的事件中有的太抽象或者不够完整，这就需要适当补充完整；有的包含了多个事件，这就需要适当地进行拆分；还有的事件描述得太烦琐，这就需要进一步地精简加工。另外，完全真实的材料可能会过于偏重对经验的考查，而忽视潜能的考查，据此选拔出来的人无疑是完全与招聘单位文化气氛相同的人，但违背了引入外来人才、给单位输入新鲜血液的本来目的，同时这对单位外部的求职者也不公平。

最后还需要对文件的文字陈述进行加工，力图保证试题的表述清楚，文句简明扼要，表意确切，不致使被试者产生误解，但是也不能遗漏一些必要的条件。

> **小提示**
>
> 公文筐测试不是阅读理解或者语文能力测验，而是对各种领导和管理能力的测量，因而不能用艰深的词句来影响测验结果的公平性。

3. 文件的编制

完成上述的工作，就可以编制文件了。文件的类型主要有图4-14所示的三种。

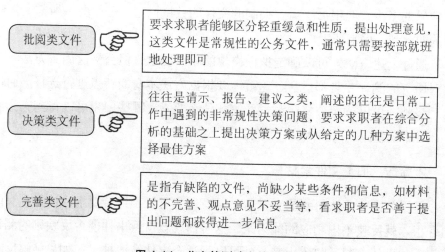

图4-14 公文筐测试文件的类型

文件的签发方式及其行文规定可以忽略，但文件的行文方向（对上与对下，对内与对外等）应该有所区别。文件的形式尽量与拟任职位中实际可能遇到的各种文件一致。

因此，编制的文件应该具有图4-15所示的三大特点。

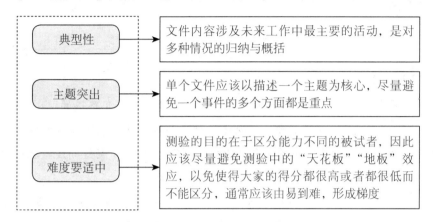

图 4-15　编制的文件应具有的特点

三、试题测试与搜集答案

公文筐测试题编制结束以后，制定评价标准也是相当关键的。为了使评价标准有针对性和实用性，就需要收集各种答案，即文件的各种处理办法。一个比较有效的做法就是把编好的公文让在职的有关人员作答。这些在职人员应该和将来应聘的求职者具有相似的特征，可以看作来自同一个样本群体，并且他们所在的岗位，就是求职者将来拟任的岗位。人数应该保证在几十个人以上，不能太少，但是时限可以稍微宽松一些，以保证他们能够将所有的文件都处理完。最后根据这些在职人员的结果进行汇总分类，列出表格。

为了验证编制出来的公文筐测试的效度，可以将公文筐测试施测于一批优秀的任职者和一批没有管理经验的一般人员。将两个团体作答结果进行比较。假如两个团体的作答结果之间没有显著性的差异，或者一般人员的结果比优秀管理者的结果要好，这就说明编制的公文筐测试试题可能存在问题，区分效度不明显，需要进一步修改。假如优秀管理者的结果明显地好于一般人员，则可以接受这份公文筐测试，但要注意强调保密。

下面提供一份公文筐测试试题的范本，仅供参考。

实战范本

公文筐测试试题

【情境】

家乐超市是某省的大型连锁超市，拥有位于市区繁华路段的配送中心、1万平方米的超市、2万平方米的仓储式批发超市以及位于周边城市的15家大型超市，平均每家门店的面积约3000平方米。该超市实行高度集权的管理制度，一些主要的决策权都集中在高层管理者手中。

你是家乐超市某一门店的人力资源管理部经理。该超市拥有员工100名。门店的面积为5000平方米。今天像往常一样，你早早来到办公室，打算利用3个小时的时间，把文件处理一下。

【目的】

本次练习的目的是为了测试你作为一个人力资源管理经理在压力和困难环境下的能力，所以，你不能采用授权的方式来处理下列事务。

【任务】

在接下来的3小时中，请你查阅文件筐中的各种信函、电话录音以及电子邮件等，并用如下回复表作为样例，给出你对每个文件的处理意见。

具体答题要求是：

（1）确定你所选择的回复方式，并在相应选项前的"□"里画"√"。

（2）请给出你的处理意见，并准确、详细地写出你将要采取的措施及意图。

（3）在处理文件的过程中，请注意文件之间的相互联系。

【回复表示例】

关于文件的回复表

回复方式：（请在相应选项前的"□"里划"√"）

□信件/便函

□电子邮件

□电话

☐面谈

☐不予处理

☐其他处理方式，请注明：

回复内容：（请做出准确、详细的回答）

文件一：来自人力资源部副经理老罗的邮件

主要内容：公司一年一度的联欢会在3周后举行，老罗将具体筹办这件事情。但是在着手办理以前，他希望你能在以下方面给他一些建议：联欢会的地点、预算、准备邀请的总部管理人员名单等。同时老罗希望你能抽出一点时间，鼓励员工积极参加此次联欢会。

文件二：来自人力资源部培训助理小钟的邮件

主要内容：由于超市的商品种类越来越多，经常有顾客抱怨说，超市的工作人员都不能帮他们找到所需商品的确切位置，而且态度也不好。小钟觉得为解决这个问题，应该每六个月让员工们仔细浏览一下店内的商品布置，并做一些相关的培训，以便使员工更好地为顾客服务。小钟想就这个事情听听你的意见。

文件三：来自小陈等几位临时工的邮件

主要内容：根据本省新出台的员工社会保障方面的法律法规，小陈他们认为公司应该给他们缴纳养老金和医疗保险金。他们与正式员工一样每天辛勤劳动，为什么就不能享受正式员工一样的待遇呢？他们昨天就来找过你了，因为你正在开会，只好作罢。他们希望你能尽早给他们一个答复。

文件四：来自工会主席老于的邮件

主要内容：总部为提高门店的管理效率，今年从总部派了3位大学生担任店长助理，分别从采购、财务和日常加强对员工的管理。但是不知是什么原因，3位大学生与店里老员工的关系总是很紧张，没有办法沟通，目前这种状况已经影响到了店里正常工作的开展，有几位老员工已经要求调离或辞职。3位大学生也很苦恼，在老于向他们了解情况时，吐了一肚子苦水，老于提醒你关注此事，希望你能尽快找个时间与他谈谈，讨论一下如何解决这件事。

文件五：来自员工小张的邮件

主要内容：小张非常不满意这次加工资的结果，因为她只加了200元，相比其他人的500～1000元的幅度，显然是太少了。她希望你能给她解释一下这次公司加工资的标准究竟是怎样的？她为什么要比别人少这么多？

文件六：来自你的助理小乔转交给你的一封申诉书

主要内容：我叫赵××，由于各种原因，我曾在2016年年度考核中被定为不称职等级，单位领导据此于今年1月27日将我辞退，并书面通知了我本人。自2月份起单位又停发了我的工资。

我接到被辞退通知后，一时难以接受，精神恍惚，感到难以见人。同时，由于我爱人收入也比较低，三口之家的生活受到很大影响。因此，我于今年2月20日向单位领导提出申诉。但是，单位领导说："你已经被辞退，不再是我单位的人了。何况已经时隔半个多月了，我们也不再受理了。"万般无奈之中，只好给你们写信反映情况。请在百忙之中过问一下此事，关心一下我这个普通人。

申诉人：赵××

文件七：来自人力资源部副经理老罗的邮件

主要内容：随着10月1日国庆节黄金周的来临，有一些员工要求请假出门旅游。我已经反复对他们强调了公司的政策是员工应该在淡季休假，但是收效甚微。他们举出了去年小乔的例子（而她请假出游，是经过你特批的）。我准备在店里出个通知，再次强调一下这个事情，我想就这事听听你的建议，有没有更好的解决办法，请尽快给我答复。

文件八：来自店长秘书的邮件

主要内容：本周五店长想召开一次全体中层管理者的会议。因为会议持续时间比较长，店长希望你能提早将工作安排好。这次会议的主题是有关上一季度店里的销售额问题，请做好准备。

文件九：来自总部人力资源总监的邮件

主要内容：为了适应企业发展的需要，总部要根据新的5年发展战略，需要制定新的人力资源规划。你也需要相应地预测所在门店在未来5年内的人力资源需求与供给状况，并向总部递交一份详细报告。总监希望你能尽早完成这份报告，若有困难，可及时与他联系。

文件十：来自总部的一份通知

主要内容：为了更好地调动员工的工作积极性，分公司决定实施员工持股计划。员工们在年初就知道这事，并且开始考虑自己是否加入此计划。现在，请你最后确认一下究竟有多少员工愿意参加此计划，并通知那些愿意参加的员工准备签署合同。具体的操作程序将在下周送给你。

 【情景模拟】▶▶▶ ----------------------------------

应聘者：（有节奏地敲门）

主考官：请进！

应聘者：（稳步走进考场）各位考官下午好！（俯身15度鞠躬）

主考官：（微笑）嗯，你好，请坐吧！

应聘者：（微笑）谢谢！（注意礼仪）

副考官2：请简单介绍下自己！

应聘者：我叫胡××，来自海南，今年20岁，我想应聘的职位是营销助理或是酒店管理。本人比较乐观开朗，平常喜欢听音乐、跳舞，在大学期间担任学习委员一职，曾获得校级优秀学生干部和一等奖学金，通过了大学英语四级考试和计算机二级。希望各位考官能给我这次工作的机会，谢谢！

副考官1：你对我们公司有了解吗？是什么原因让你选择来应聘我们公司的？

应聘者：贵公司是世界五百强中数一数二的，公司品牌好，管理制度先进，如果我能够进入贵公司，那么对公司将会有更多的了解。因为我所学的专业与贵公司需要的相符合，我也喜欢贵公司的工作环境，让人有家的感觉，而且我也相信我可以为贵公司带来更多的利益。

副考官2：为取得成功，一个好的营销人员应该具备哪些方面的素质？你为什么认为这些素质是重要的？

应聘者：第一要有良好的沟通能力，第二要有较强的学习能力，第三要有个人品牌，第四真诚对人。因为要成为一位成功的营销人员要相信自己的产品能给客户带来价值，相信自己可以销售出去，要时刻铭记顾客是上帝，要倾听顾客的需求，并做出专业的解决方案或判断。

主考官：那如果我认为你在面试期间的回答表现不好，你会怎么做？

应聘者：由于职位限制的原因，加之竞争激烈，如果公司没有选择我，我会从以下几个方面来反思：首先，要面对现实，相信自己经历了这次失败之后，经过努力，一定能变得更强；其次，我会反思，对于这次面试经历，认真看待自己的长短得失，克服这一次失败带给自己的心理压力；最后，我会再接再厉，以后如果有机会，我会再次来贵公司参加竞争。

副考官1：请你谈谈你学历的看法吗？

应聘者：对于学历，我想只要是大学本科的学历，就能表明我具备了一定的学习能力。对于硕士研究生和博士研究生，不是看你学了多少知识，而是看你在这个领域上发挥了什么，也就是所说的能力问题。一个人工作能力的高低直接决定其职场命运，而学历的高低只是进入一个企业的敲门砖。如果贵公司把学历卡在博士上，我就无法进入贵公司，当然这不一定只是我个人的损失，如果一个本科生都能完成的工作，您又何必非要招聘一位博士生呢？

副考官1：好的，感谢你的回答。请关注我公司的录用通知，希望有机会能再见到你！

应聘者：谢谢！各位考官辛苦啦！（起身再次鞠躬，离开并将门带上）

第五章

掌握面试的技巧

导言

　　面试不能仅凭感觉。面试官必须通过特定的问题挖掘自己想了解的信息，比如：如何观察候选人，如何判断候选人所反馈信息的真伪等。所以就需要面试官具备相应的素质和一定的面试技巧。

正确邀约

邀约话术是面试官需要掌握的基本技能，能否成功地将候选人邀请到单位面试，也需要一定的技巧。邀约可以分为电话邀约、邮件邀约、短信邀约、求职平台邀约、微信邀约等多种方式。不管哪种方式，话术都是最重要的。

一、电话邀约的流程

一般来讲，电话邀约的流程如下。

1.确定信息

按照简历上的电话，打过去，先确定是否本人接听。

比如，"喂，您好，请问是×××吗？"

2.表明身份

电话接通后，最要紧的是如何让电话那边的陌生人不挂你的电话，听你说下去。这就要求在确认对方身份后，就开始自我介绍。做好自我介绍，其作用是让对方知道你是谁，是干什么的。然后还得说清楚，获取简历的渠道是哪里。

比如："我是××公司的招聘专员×××，我司在×××平台收到了您投递的求职简历。""我是××公司的招聘专员×××，我司在××平台上看到了您的简历，需求是找一份××岗位的工作。"

打电话时，要普通话标准，咬字清晰，声音洪亮，态度亲切，如有可能保持微笑。

3.询问是否方便接听电话

双方互表身份后，就可以问清楚是否有时间沟通了。

比如："请问现在方便和您通话吗？""您现在有时间沟通一下吗？""听您那边的声音像是在室外，方便沟通吗？"

对于很多在职人员，不方便接听电话很正常，面试官要抓住时机另约时间，比如中午或者下班后，自己先抛出去一个，稳住对方，如果这时候对方能够给出确切的时间，那么说明有谈下去的意愿。约定好面试时间，持续跟进，这就离成功更近一步。

4.简要介绍公司

在确认好沟通对象之后，面试官就需要简要介绍公司和岗位内容了。此时应语气柔和而坚定，柔和是为了保持融洽的关系，消除陌生；坚定是体现招聘人员专业性和可信度。

比如，"我们公司是……，招聘的岗位是××岗，针对岗位提出的要求是……"

5.寻找需求

在介绍过程中要留意候选人的反应，将内容和候选人熟知的、有感触的因素衔接起来。因为推介的目的，了解岗位内容是基础，产生兴趣和决定面试才是根本。

一方面通过对方提问，挖掘对方的需求点。结合自己可满足的切合点，提升对方的面议意愿度。比如对方在意工作时间，关注薪酬福利，关注集团发展、在意工作地点等。

另一方面通过主动发问，在邀约过程中多收集一些信息。这样可以更利于我们找到自己的"卖点"，便于我们迎合对方的需求。比如在职人员目前的工作情况，包括职位、薪酬构成、部门架构等。

这个时候面试前的准备材料要齐全，比如该岗位的职位说明书、工作环境周边交通情况、公司的发展规划等，电话邀约过程中"最怕空气突然安静"。

比如，候选人对岗位的工作内容感兴趣，面试官可以这样说："是呢，我们公司的该岗位工作内容跟您简历中标明的上个公司的工作内容是相似的，可能在某个方面更注重一些，所以要求会有所提高，我相信有经验的您可以挑战一下呢。"

6.确认时间

在确认候选人已经了解了企业和岗位，并有兴趣和公司发生"亲密接触"时，也就顺势进入直接邀约阶段。

比如：

（1）"我司这边对您的简历初审之后，我这边也跟您聊过跟岗位相关的内容了呢，觉得您是比较符合我司招聘岗位的需求的。所以我想跟您约一个时间，到公司进行一个面对面的交流呢。"

（2）"那咱们的面试时间约在明天的下午两点可以吗？"

（3）"请问明天下午的两点有时间吗？我们约那个时间点过来面对面沟通吧！"

在邀约的时候，要简要明确，确定时间和地址，告诉候选人相关事项。确定完面试事项后，辅助以邮件或短信告知面试的地点、时间、注意事项等，则效果更佳。

比如：

（1）"您明天到公司之后，前台人员她会引导您到我们人事部，您也可以直接要求找我，我的名字是×××。"

（2）"我待会也会发书面的邀约到您短信和邮件上，麻烦查收哦，如果期间有任何问题，可以直接联系我。"

 **相关链接**

电话邀约的注意事项

1.别急于求成

有些HR急于求成，打通电话之后，既没有问候选人有没有时间，也没有确认候选人是否有意向，就忙着去敲定面试时间。

这样不仅造成求职者爽约概率大，更让他们反感，觉得HR一点都不尊重他们。所以打电话邀约的时候要运用比较好的开场白，千万不要着急，慢慢听候选人是否有意向再去敲定面试时间。

2.声音会出卖你

不要觉得隔着电话，候选人就不能听出你的说话语气，不能辨别你是面带微笑还是满脸怒气。其实声音是会出卖你的，而且声音越接近候选人的"频道"，越注意语速和语调，两个人越容易达成共识。

除了保持微笑不满脸怒气之外，还有就是说话千万不能太公式化。如话务员似的"您好、是的、嗯、好的"之类死板公式化的言语，一定要减少使用频率。电话邀约说得太公式化，容易让候选人对该企业存在一种主观的死板、气氛不够活跃的印象。

3.不打无准备之仗

当候选人问到你们公司的优势在哪，岗位的工作职责等这些信息时，如果你都不清楚的话，还能让候选人相信这是一家有发展潜力的公司吗？肯定是没法相信的，这就需要 HR 提前准备好候选人有可能会问到的面试问题。

当然除了要准备候选人可能会问到的问题之外，还需要准备一下候选人的主要信息，除了了解基本资料之外还需要了解一下其上一份工作的经历和大概具备的能力等。

4.拨打电话的时间

一般求职者如果是在下午或晚上投递的简历，公司基本会在第二天通知他面试。简历不能放置时间太长，求职者会认为公司可能招够了人或者认为这个公司的工作效率太慢，而选择了其他公司。

收到简历立刻打电话，会让求职者对这份工作不够重视。所以通知的时间也比较重要，建议大家要与投递简历的时间间隔最少 2 至 3 小时再通知。收到的简历后，必须在第二天及时通知求职者，除非遇星期日或节假日，应在上班当天及时打电话。

如果安排在早上打电话，不要太早，10 点至 11 点半比较合适。如果安排在下午打电话，3 点至 5 点半比较合适。

5.多给候选人思考时间

当面试询问需要对方给一个时间、地点的时候，就可以使用暂停的技巧，多给候选人一些思考的时间。当然了，在询问的时间尽量不要问候选人"您什么时候有空"，也不要问"您是明天有空还是后天有空"。

比较合适的问法是"您这周三上午 10 点方便还是下午 3 点方便"，给一个你能确定的时间，再让候选人进行选择。问完之后建议稍微暂停一下，让对方回答，善用暂停的技巧，将可以让对方有受到尊重的感觉。

6.挖掘候选人的需求

电话邀约虽是简单地让候选人了解我们，但 HR 有必要在简短的谈话中深入挖掘候选人的需求，获取越多的信息越好，这样才能更加打动候选人。

在邀约中可以使用开放式问句，关于候选人的经历等信息可以提出新的问题。这样可以拉长沟通时间，更重要的是了解候选人真正的想法(心仪薪酬、工作能力、工作需求等)。

二、发放面试邀请函

一封正规、清晰的面试邀请函，能够向对方传达一个正规严谨的企业形象，是人力资源工作者对企业的一次专业度包装。

面试邀请函要做到信息准确、条理清晰。一般来讲包含图 5-1 所示的信息。

图 5-1 面试邀请函应包含的信息

下面提供两份面试通知的范本，仅供参考。

实战范本

面试通知（初试）

_____先生／女士：

您好！我们是_____公司_____部，首先感谢您答应我们的邀请前来面试，我们初步认为您具备的素质与我们的招聘需求相吻合，邀请您参加面试。

面试时间：20____年___月___日_____点_____分（如有变更，请提前沟通）

面试地址（即公司地址）：_____

乘车路线：【公交站】_____【地铁站】_____

联系人：_____

座机：_____

手机：_____

邮箱：_____

实战范本

面试通知（复试）

_____先生／女士：

您好！欢迎您应聘本公司_____职位，您的学识、经历给我们留下了良好的印象。为了彼此进一步了解，请您____月____日____点前来本公司参加复试。

请携带如下_____资料。

如您时间上不方便，请事先以电话与____先生（女士）联系，电话：_____

面试地址（即公司地址）：_____

乘车路线：【公交站】_____【地铁站】_____

联系人：_____

座机：_____

手机：_____

三、后续跟进

对于一些面试意愿度不够，但是岗位匹配度又比较高的人员，征求同意添加微信，可进行持续跟进，挖掘需求，提升其面试的意愿度。

已达成到面意愿的面试者，按照时间节点再次确认。比如面试前一天，再次与对方确认面试事宜，如有变动，可另行约定时间。

> **小提示**
>
> 在面试当天面试官可以通过电话提醒候选人面试，这样一个"小动作"，可以极大提高面试应约率。比如，"您好，请问是陈女士吗？我是××公司的招聘专员××，昨天咱们电话里约了今天两点面试的，您还记得吗？"

第二节
有效提问

面试，是最常用的人才选拔方法，看上去，问个问题并不难，但是怎么通过问题将人选拔出来，却不是一件容易的事。这就需要面试官掌握一定的提问技巧。"会提问"是衡量一名面试官技巧掌握的关键要素之一，可以这样说，其技巧的掌握程度可以左右面试的效果。

一、选择合适的提问方式

在面试中，招聘者要获得关于面试者的不同方面的情况，如心理特点、行为特征、能力素质等，由于要测评的内容是多方面的，这就要求主考官根据评定内容的不同来采取相应的面试提问方式。常见的提问方式有图5-2所示的几种。

图 5-2 面试提问的方式

1.连串式提问

连串式提问即主考官向面试者提出一连串相关的问题,要求面试者逐个回答。这种提问方式主要是考查面试者的反应能力、思维的逻辑性和条理性。

比如:

(1)你在过去的工作中出现过什么重大失误?如果有,是什么?从这件事本身你吸取的教训是什么?如果今后再遇到此类情况,你会如何处理?

(2)你为什么想到我们单位工作?来到我们单位后有何打算?你报到工作几天后,发现实际情况与你原来想象不一致,你怎么办?

2.开放式提问

开放式提问指提出比较概括、广泛、范围较大的问题,对回答的内容限制不严格,给对方以充分自由发挥的余地。这样的提问比较宽松,不唐突,也很得体,常用于面试开始,可缩短双方心理、感情距离,但由于松散和自由,难以深挖。

比如:

(1)你在大学期间,从事过哪些社会工作?

(2)你的专业课开了多少门?

(3)你认为这些课将对工作有什么帮助?

3.封闭式提问

封闭式提问指答案有唯一性,范围较小的问题,对回答的内容有一定限制,提问时给对方一个框架,让对方在可选的几个答案中进行选择。这样的提问能够让回答者按照指定的思路去回答问题，而不至于跑题。

比如：

（1）你是什么时候参加工作的？

（2）你感到紧张，对不对？

4.非引导式提问

非引导式提问指通过对应聘者实际工作事例的询问和挖掘，了解其行为特征、能力水平及素质状况。其目的是通过应聘者过去的行为表现，判断其是否具备相应的工作经验与工作能力，以及相关的分析问题、处理问题的综合能力，据此判定其与目标岗位的匹配度。

比如：

（1）请你谈一谈担任学生干部时的经验。

（2）请你讲一讲你上一次带队做项目的经历。

5.引导式提问

引导式提问中，一方问的是特定的问题，另一方只能进行特定的回答。主考官问一句，应聘者答一句。这类问题主要用于征询面试者的某些意向或需要一些较为肯定的回答的情况。

比如：

（1）你担任车间主任期间，车间有多少工人？主要生产什么产品？

（2）我们公司的薪酬是一年调整一次，调整依据是个人业绩，你能接受吗？

6.投射式提问

投射式提问是让面试者在特定条件下对各种模糊情况做出反应。这种方式又可以分两种：一是图片描述式，对面试者展示各种图片，然后让面试者说出他们个人的反应；二是句子完成式，完成式是指呈现给面试者仅有句首而没有句尾的句子，让面试者按照自己的感觉、思维来完成整个句子。

比如：我们希望……，我不相信……，我最难容忍的是……，对于陌生人，我通常的态度是……

> **小提示**
>
> 由于面试者的心理素质各有差异，因此完成的句子也彼此不同，通过对面试者所完成的句子进行分析，可以了解到面试者的一些心理特征。

7.清单式提问

这类提问中，主考官除了提出问题外，还给出几种不同的可供选择的答案。目的是鼓励面试者从多种角度来看这个问题，并提出了思考问题的参考角度。

比如：你所在的企业中最主要的问题是什么？营业额低、缺勤、产品质量差还是其他？

8.假设式提问

在这种提问中，主考官为面试者假设一种情况，让面试者在这种情况下做出反应，回答提出的问题，进而来考查面试者的应变能力、解决问题的能力、思维能力。

比如：

（1）如果你是那个肇事的司机，你会怎样处理？

（2）如果你是办公室主任，你将如何处置这个秘书？

9.压迫式提问

一般来说，主考官要尽力为面试者创造一个亲切、轻松、自然的环境，以使面试者能够消除紧张、充分发挥。但有些情况下，主考官会故意制造一种紧张的气氛，给面试者一定压力，通过观察面试者在压力情况下的反应，来测定其反应能力、自制力、情绪稳定性等。

比如：

（1）从你的专业来看，你似乎不适合这项工作，你认为呢？

（2）与上级意见不一致时，你怎么办？

（3）你缺乏经验，怎能胜任工作？

> **小提示**
>
> 压迫式问题一般要慎用，避免引起争吵。

10.重复式提问

重复式提问指主考官向面试者返回信息以检验其是否是对方真正意图，或检验自己得到的信息是否准确。

比如："你是说……""根据我的理解，你的意思是……"

对于这类问题，应试者可以给出简单的回答"是"或"不是"。如果主考官有误解，应试者应该再说明一遍。

经典案例

如何有效地提问

某天，李先生受某大型制药企业总经理王总的邀请，给他们做一个重要职位招聘面试的测评，将要招聘的职位是高级营销经理。很不凑巧，飞机晚点，没有时间和王总做面试前的沟通，所以，李先生只好急匆匆赶到现场，还好，面试刚刚开始。由于事先已经做了筛选，来参加面试的只剩下两位候选人。王总亲自担任主考官，在半小时里，他对第一位候选人问了三个问题：

（1）这个职位要带领几十个人的队伍，你认为自己的领导能力如何？

（2）你在团队工作方面表现如何？因为这个职位需要到处交流、沟通、你觉得自己的团队精神好吗？

（3）这个职位是新设立的重要岗位，压力特别大，并且需要经常出差，你觉得自己能适应这种高压力的工作状况吗？

当候选人回答完以后，李先生马上叫暂停，因为李先生意识到王总提出的问题不太妥当，李先生花了五分钟对应聘者进行了询问，然后他把应聘者的回答和他的真实想法告诉了王总。

当时，候选人是这样回答三个问题：

（1）我管理人员的能力非常强（实际上王总也并不知道好不好）；

（2）我的团队精神非常好（只能答"是"，因为王总已经提供了太明显的暗示，即希望团队精神非常好）；

（3）能适应，非常喜欢出差（实际上，如果把工作条件进行排行的话，也许应聘者最痛恨的就是出差，以及占用自己的下班时间。但是王总的问话方式直截了当地给候选人暗示，使候选人必须说"是"）。

【点评】

事实上，王总问的是三个被设计成封闭式的问题：

（1）有没有领导能力？

（2）有没有团队精神？

（3）能不能承受巨大的工作压力？

很明显，这些问题都错误地采用了封闭式提问的方式进行提问，而候选人由王总询问的问题中很容易就知道他想听到的答案是什么，实际上这是面试中最大的忌讳，而且肯定无法得到正确的答案。

接下来李先生花了几分钟的时间从三个方面重新为王总设计了以下问题：

1.管理能力方面

（1）你在原来的公司工作时，有多少人向你汇报？你向谁汇报？

（2）你是怎么处理下属成员间的矛盾纠纷的？举个例子好不好？

2.团队协作能力方面

（1）营销经理和其他部门特别是人力资源部门经常有矛盾，你是否遇到过这样的纠纷，当时是怎么处理的？

（2）作为高级营销经理，你曾经在哪些方面做过努力来改善公司内部的沟通状况？

3.能不能经常出差

（1）以前公司的工作频率如何？经常要加班吗？多长时间出一次差？

（2）这种出差频率是如何影响你的生活的？对这种出差频率你有什么看法？

经过重新设计以上问题后，王总从两位候选人中得到了更多的信息，最终选择了他需要的人才。

二、按面试环节提问

面试实施过程中，可分为建立关系、导入阶段、核心阶段、收尾阶段四个环节，在每个环节，面试官所提的问题应不一样，具体如图5-3所示。

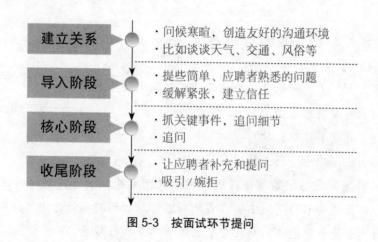

图 5-3　按面试环节提问

1.建立关系

此环节中，以暖场为目的，可以进行简单的问候寒暄，以便创造友好的沟通环境。

比如，谈谈天气、交通、风俗等；或谈谈最近热映的电影或热播的电视剧。

2.导入阶段

在导入阶段，面试官可提些简单、应聘者熟悉的问题来缓解紧张的气氛，建立信任。

（1）正常的开场。面试官可先向应聘者介绍自己的姓名、职务；也可介绍面试的流程，大致时间安排，然后再向应聘者提问。

比如："你能简单地谈一下你自己吗？"

（2）直接型。面试官直接向应聘者提问。

比如：

①让我们开始吧，第一个问题……

②我这有几个问题，我们聊聊，不用紧张。

（3）压力开场。面试官所提的问题带有一定的压迫性。

比如：

①据我了解，你上一家工作单位很一般啊，为什么在那做了那么久才想到换工作？

②做这行的，稍有名气的我都认识。好像没听过有人提起你啊。

③你之前在名企做的，现在怎么想跑到我们小公司来呢？

3.核心阶段

在核心阶段，面试官要抓关键事件，并追问细节。

比如：请谈谈你为什么离开上家公司？当你老板知道你要离开后，他什么反应？他采取了哪些行动？你们现在还联系吗？都聊些什么？你的同事（下属）对你离开这件事怎么看？他们的主要观点是什么？

4.收尾阶段

在收尾阶段，可让应聘者补充和提问，对于求职者可邀约或婉拒。

比如：

①你还有什么不明白的问题吗？

②我想了解的就这么多，看你有什么需要了解的吗？

③你还有什么需要补充的吗？

④那我们就到这，后续有消息了，我们再联系你。

⑤按流程，我们会在一周内做出结论并安排复试。如果可能，会有专人通知你的，请保持手机畅通；如果没接到通知，可能代表我们有更好的人选了。

三、从个人简历着手进行提问

从个人简历着手面试，可以将简历表中未勾画出的人物形象变得丰满充实。而且面试官可以对那些不清楚的问题和未反映出来的信息做进一步查询，内容涉及家庭背景、学习经历、职业历程、自我评价、生活目标等。提问宜采用开放式的问题，即可以让应聘者自由发挥、促其思考的问题，然后切入需要重点考核的问题。

四、注意问话的语气方式

面试官发问，要问关键内容和相互矛盾的地方，刚柔并济。

主要问三方面内容：问面试官应该了解但应聘者在简历和笔试以及在三分钟陈述中一直没有表述出来的问题；问应聘者在陈述中自相矛盾的地方或陈述中和简历矛盾的地方；问应聘者陈述的事实以及简历中反映出来的内容

与应聘职位不相宜的地方。

问话的语气方式也要因人而异，对性格直爽开朗的应聘者可以问得节奏快一些、直接　些，对内向的人可以适当委婉一些。但无论如何都不要伤害应聘者，或者以教训的口吻对待应聘者，时间充裕的话可以以讨论的形式交流些观点和看法。但不论怎么问，都要问到点子上，柔中带刚，曲中显直。只有问到矛盾处，才能真正发挥问的效果。通过面试官发问，一是补充需要了解的关键信息，二是就回答问题看应聘者的应变能力、诚信问题等。

五、问题要少而精

面试任何一个人，即便是应届毕业生，也有着二十几年的人生经历，可是面试选拔的时候往往只有几十分钟，这么短的时间进行面试，真的可以得到有效信息吗？这就要求面试官要把握住胜任素质中最关键的几个要求，这样才可以从众多的人才中做出选择。面试前，要认真分析，一个岗位对于一个人的最主要的需求是什么？然后设计相应的面试题目就可以了。

六、关键问题要深挖

面试时，如果仅是对一些问题泛泛地了解，是不能真正判断应聘者是否真正拥有相关的技能和经验的。面试官必须要沿着自己预先设计的提问思路或从应聘者的回答中引发新的话题打破砂锅问到底，直到你可以对想要了解的内容做出清晰的判断。特别是当候选人出现不自然表情或神态时，更要深挖细节。

第三节
有效倾听

面试过程中，"倾听"对于考官和应试人都是十分必要的，双方都力图准确把握对方的真实意图，获取尽可能多的信息。

一、掌握倾听的技巧

有技巧的倾听才能很好地发现问题、找出问题。面试官在倾听的过程中，应掌握图5-4所示的技巧。

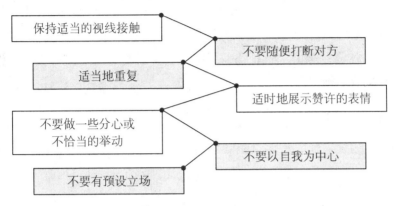

图 5-4 倾听的技巧

1.保持适当的视线接触

在倾听时要保持适当的视线接触，目光对视是对别人的基本尊重。有的人说话的时候，喜欢看着没人的地方，虽然他的本意不是轻视对方，但给别人的感觉就是不舒服。别人说话时，你不仅要用耳朵去倾听，更要用目光去关注，才能鼓励别人敞开心扉，才能让说出的话语更能打动对方。

2.不要随便打断对方

在倾听的过程中，注意不要随便打断对方，你应该让对方将其想表达的意思说完整以后，再表达自己的想法。如果别人说一句话，甚至一句话未完，你就开始讲述自己的观点，老是这样的话，这就已经不是倾听，而是讨论甚至是争论了。

美国知名主持人林克莱特一天访问一名小朋友，问他说："你长大后想要当什么呀？"小朋友天真地回答："嗯，我要当飞机驾驶员！"林克莱特接着问："如果有一天，你的飞机飞到太平洋上空，所有引擎都熄火了，你会怎么办？"小朋友想了想："我会先告诉坐在飞机上的人绑好安全带，然后我挂上我的降落伞先跳出去。"

旁边的人听了都哄然大笑，小朋友见此情景甚是委屈，眼眶里满是泪水。

于是林克莱特又问他："为什么要这么做？"小朋友真挚地说："我要去拿燃料，我还要回来！我还要回来！"

这一答案也许出乎许多人的意料，很多人也许会为刚才的失礼而感到羞愧。在交流时不注意倾听，结果会产生误会甚至曲解。所以，在办公室里，听同事说话时应该做到：听话不要只听一半。还有，不要把自己的意思，投射到别人所说的话里面。

3.适当地重复

听别人说话时，听完之后最好是将对方所说的话进行简单概括，并且复述给对方听，以显示出你在用心听别人说话，而且还在和他一起思考。这样做会让他感觉找到了知音，找到了一种共鸣。注意，只是概括对方说话的内容并且简要复述，这是一种确认，并非是否定对方的思想，你应该尽量避免出现太多的否定词，不管别人的观点是否通情理。

4.适时地展示赞许的表情

面试交流沟通时不仅仅需要听对方谈话，有时还要根据对方讲话的内容适时表现自己的赞许或者意见。但是在对方讲话时又不适合打断对方，这时面部表情很重要。在倾听对方谈话时适当展示赞许的表情不仅能表现自己的观点，还能鼓励对方说下去。这样更有利于沟通的进行。

5.不要做一些分心或不恰当的举动

面试官在与应聘者沟通时要全身心地投入，在倾听时不要做一些分心或者不恰当的举动。交流时分心或者不恰当的举动不仅会影响对方的说话，还会直接影响自己的职业形象和职业素养。

6.不要以自我为中心

在良好的沟通要素中，话语占7%，音调占38%，而55%则完全是非言语的信号。通常，人们在沟通时，会在不知不觉中被自己的想法缠住，而漏失别人透露的语言和非语言。所以，沟通时千万不要以自我为中心，让自己成为沟通有效倾听的最大障碍。

7.不要有预设立场

如果你一开始就认定对方很无趣，你就会不断从对话中设法验证你的观点，结果你所听到的，都会是无趣的。

二、积极地倾听

要想达到有效倾听的目的，首先心理上就必须积极地倾听，因为只有产生愿意接纳的心态，才会愿意主动的听。积极倾听的表现主要如图5-5所示。

图 5-5　积极倾听的表现

1.集中精神

倾听时要选择适宜的环境，营造轻松的气氛。随时提醒自己交谈到底要解决什么问题，倾听时应保持与谈话者的眼神接触。

注意适当把握时间的长短，如果没有语言上的呼应，只是长时间地盯着对方，会使对方感到不安。要努力维持头脑的警觉，不仅用耳朵，而且要用整个身体听对方说话。

2.采取开放式姿态

开放式的态度意味着控制自身偏见和情绪，克服先入为主的想法，在开始沟通之前培养自己对对方的感受和意见的兴趣，做好准备，积极适应对方思路，来理解对方的话。

3.积极预期

努力推测谈话者可能想说的话，有助于更好地理解和体会对方的感情。但是"预期"并不等于"假设"，并不是你假设了对方的想法，然后就真的以为对方就是这样想的了。如果你真的相信了自己的假设，你就不会再认真倾听了。

4.鼓励

使用带有"鼓励性"的语言使对方能够尽可能地把自己的真实想法说出来，以便于了解更多的信息，采取相应的策略。

比如，"您说得非常有价值，请您再讲下去！"

5.恰当的身体语言

给予表达方以恰当的身体语言，表明你准备或者正在倾听，倾听的身体语言的表现如图5-6所示。

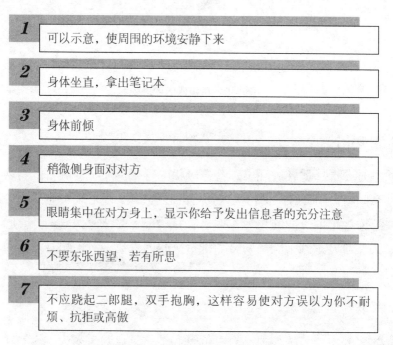

1	可以示意，使周围的环境安静下来
2	身体坐直，拿出笔记本
3	身体前倾
4	稍微侧身面对对方
5	眼睛集中在对方身上，显示你给予发出信息者的充分注意
6	不要东张西望，若有所思
7	不应跷起二郎腿，双手抱胸，这样容易使对方误以为你不耐烦、抗拒或高傲

图5-6　倾听的身体语言的表现

三、倾听时的注意事项

面试中的"听"不是"听听"就算了，而是能够设身处地（站在对方的立场上）去"听"，因此，在倾听时，应注意以下事项。

（1）要始终表现出对应聘者的尊重，这是一条根本原则。

（2）应密切注视讲话的人所要表达的内容及其情绪。这样才能使后者畅所欲言，无所顾忌。

（3）不仅要听对方所说的事实内容，更要留意他所表现的情绪。

（4）善于倾听应聘者的弦外之音。

比如，可在应聘者说完后继续追问："你说到沟通花费大量的时间，是不是说团队的沟通存在障碍？"

（5）注意对方尽量避而不谈的有哪些方面，这些方面可能正是问题的关键所在。

（6）遇到你听到你确实想深挖的细节时，可以用重复应聘者关键词的方式进行追问。

（7）倾听时要仔细、认真，表情自然，不能不自然地俯视、斜视，或者盯着对方不动；防止造成应聘者过多的心理压力，使其不能正常发挥。

（8）慎用一些带有倾向性的形体语言，如点头或摇头，以免给应聘者造成误导。

（9）注意从应聘者的语调、音高、言辞等方面区分应聘者内在的素质水平。如：讲话常用"嗯""啊"等间歇语的人往往自我感觉良好，要求他人对他地位的重视；声音粗犷、音量较大者多为外向性格；讲话速度快而且平直，多为性格急躁、缺乏耐心；爱用流行、时髦词汇者大多虚荣心较强。

（10）客观倾听，避免夸大、低估、添加、省略、抢先、滞后、分析和重复错误倾向等。

 相关链接

面试官如何听应聘者自我介绍

1. 多听"信息"

了解信息是自我介绍环节最基本的目的。从这里出发，把握住了应聘者的姓名、学历背景、工作背景等信息，自我介绍环节的根本目的就达到了。背景信息的了解将有助于面试官理解应聘者，理解其为何表现出随后的行为。悉心准备的应聘者经常会在介绍中加进很多能力的介绍与能力的证明，如："我具有很强的沟通能力，曾经在××会议上与多方代表进行洽谈……"这样的内容其实无助于面试官对应聘者该项能力的判断，究竟该应聘者的沟通能力如何，在后面的面试环节中自会有所体现。

关注应聘者对个人能力的讲解与证明是无甚意义的，一味关注和相信应聘者在自我介绍中的能力证明，由此为应聘者套上一个能力的"套子"，可能会使面试官对其的判断绕弯路。

2. 多听"结构"

尽管大多数人都进行了自我介绍的准备，准备的水平也是有所不同的。一些应聘者的自我介绍结构缜密，逻辑清晰，听上去非常清楚；一些应聘者则纠缠于某些细节，在时间分配上不合理，表达的逻辑相对混乱。由此，可以看出应聘者的逻辑能力、表达能力究竟如何。有的应聘者在自我介绍时能够关注听者的反应，去想"他们希望我讲些什么"，这样的心态可能有助于他们更加合理地安排内容。从这个细节上，也可以反映出应聘者的人际敏感程度，是不是具有关注他人的特点。

3. 多听"观点"

很多应聘者在进行自我介绍时会通过表达自己的座右铭、对某些事情的观点来凸现自己的特点，这些表达往往是关键和有效的，有助于面试官的判断。一名应聘者在自我介绍时说："我的座右铭就是'快乐像花儿一样'！"另一名应聘者说："我的座右铭是'没有最好，只有更好'！"这两个人反映出来的人格特质可能完全不同：前者崇尚快乐，注重生活平衡，社会成熟度相对低，心思相对单纯；后者则颇有竞争意识，已经是市场上比较成熟的竞争者。有了这样的判断，面试官可以在后面的面试中进一步关注疑点：前者是否了解岗位的职责和压力所在？后者是否能够容忍团队中能力较低的成员，并与其精诚合作？由此，可以有效地判断出适合岗位的应聘者究竟是哪一位。

总体来说，自我介绍本是不可缺少的，有了这个环节面试才会在"有所了解"的基础上有效地展开，而本着"不可不信，不可全信"之心，有所侧重地倾听应聘者的自我介绍，不失为有效的考查方法。招聘，正是要求面试官保持客观独立的态度，充分信任应聘者并依据事实做出自己的判断，才会达到最好的效果。

第四节

适时观察

面试官在面试求职者时掌握"观其貌、听其言、察其行"的方法，不仅能够了解应聘者的性格特征，将其安排到最适合的岗位上，还能发现应聘者的性格软肋，避免企业招到不当之人，有助于降低招聘成本。

一、观形象

应聘者的形象包括相貌、服饰搭配、发型、配饰、衣服的整洁度和妆容等。

1.看着装的整洁度

招聘不能以貌取人，在职业细分化的今天，着装也逐步不固定了，对人形象的要求就是整洁。也就是说，应聘者的服装并不一定非要很正式，但一定要整洁。一个衣衫不整的应聘者，很难把他同办事干练的形象联系到一起。同时，不注意卫生的人还会增加患上疾病的风险。

2.看形象的匹配度

观察应聘者形象的目的是看其个人形象气质和岗位是否相符。

比如，一身"淘宝同款"的应聘者来应聘高档服装设计师岗位，显然这种形象严重不符合岗位特征。

面试官如果想要辨别出岗位和应聘者形象气质是否相符，得要明晰岗位需要的形象。

比如：技术人员最好是那些务实、专业知识丰富、专业技能高的人员；而与客户打交道的销售人员，最好是开朗、干练健谈的。

当面试官对岗位形象了然于胸后，便能判断出应聘者形象和岗位形象不符之处，快速淘汰不合格的应聘者。

二、观精神状态

有良好精神面貌的应聘者给人的感觉是拥有积极、自信的心态，有较高的精神追求，而且这也说明应聘者十分重视这次应聘，更想得到这个岗位。"一身精神，具乎两目"，这句话的意思是一个人的眼睛是其精神状态最重要的窗口。眼睛正视、目光如炬的应聘者是自信的，但同时也可能说明他刚愎自用；眼神躲闪、摇曳不定的应聘者，他可能不自信，担心自己不能胜任这个工作岗位。

三、观神态

在应聘者回答问题或者表达自己观点时，应注意观察他的神态。

如果应聘者在回答问题时运用了丰富的面部表情和肢体动作以及手势，则说明他对这个问题很感兴趣或者这是他擅长的内容；如果他在回答问题时支支吾吾，眼神迷离或者不敢正视他人，说明他并不擅长回答此问题，也可能是在撒谎。面试官在应聘者回答问题时应仔细观察其神情，发现他对问题的理解、掌握的真实情况，判断他是否适合这个岗位。

四、观谈吐

应聘者回答问题时语速快慢也能反映出应聘者的性格特征。如果应聘者在回答问题时语速快而流利，说明他可能思维敏捷、反应迅速，也可能说明他性子急，做事不够稳当。反之，若应聘者说话慢条斯理，语速较慢，则说明其可能成熟稳重；如果说话断断续续，则说明其可能反应缓慢。

另外，面试官也要细细品味应聘者说的每一句话，体会其说话的动机，间接判断应聘者的能力。

五、观举止

1.面试开始时

应聘者进屋后注意随手关门，坐下时轻手轻脚，表明此人注意细节，办事稳重。如果是进门后大大咧咧，行动风风火火，则此人可能做事粗心，容易丢三落四。举手投足，小动作反映出大性格。

2.面试结束后

当面试完成后，面试官在和应聘者握手告别时应对其进行二次审查，并观察他走路的姿势和速度。如果应聘者主动握手，并且握手的力度适中，面带笑容，同时走路脚步也轻，说明他可能对这次面试比较满意；如果他走路慌乱、急促，则说明其可能稍显急躁，缺乏城府。

 相关链接 ‹·······························

如何判断应聘者是否说谎

许多应聘者会在面试时试图顺应面试官的嗜好，而隐藏自己的真实情况。因此，面试官应当从应聘者的言谈内容、逻辑思维、视线、音调、笑容、手臂姿势等多个角度来进行观察和分析，来判断他是否在说谎。说谎的行为表现有以下几点：

（1）说话时不提及自己，多用"我们"来代替。人们在说谎时会自然地感到不舒服，他们会本能地把自己从他们所说的谎言中剔除出去。

（2）不断地反复讲述某一内容，这是一种心虚的表现。

（3）出现逻辑混乱的情况，对同一问题的回答前后不一致。

（4）对鸡毛蒜皮的小事都能对答如流。在叙述细节的过程中，难免会犯一些小错误，因为记住一个时间段的所有细节是很困难的。

（5）说话时眼睛向右上方看，或转移视线，不敢看面试官。这是一种反射动作，当然有的人说谎时眼睛是向左上方看的，这时需要先问一个简单的真实问题进行校验，比如问"你今天是坐什么车过来的"。

（6）正常说话时声音的音质和音调突然发生变化，这是为了掩饰虚弱的内心。

（7）身体会有一种不自在的表现，如牵强的笑容（两侧脸颊不均衡）、脸色发红、掩嘴、频繁舔嘴唇、触摸鼻子、抓挠耳朵、抓挠脖子、拉拽衣领，手指放在嘴唇之间等。

第五节
把控现场

面试是面试官与应聘者相互交流的过程，也是面试官控制局面的过程，只有完美地把控面试进程，才能达到理想的效果。

一、面谈前的暖场

面试时，如果没有足够的"暖场"，没有让应聘者放松下来，巨大的不信任的人际压力不仅会给应聘者带来不好的困惑和体验，也会让应聘者无法放松下来，从而无法获得真实的信息。

常用暖场话术，不仅能起到营造氛围的作用，还能营造良好的雇主品牌印象。

比如：

（1）你老家是哪里的？听你口音好像是南方人？

（2）以前来过这里（城市）吗？

（3）对这里的印象如何，跟你所在的城市有何不同的感受？

（4）一线城市的话，跟二三线城市，有什么不一样的地方么？

（5）我们公司的装修色调是你所喜欢的吗？

（6）前台工作人员有比较热情地招呼你吗？

二、控制面试的速度

很多应聘者非常善谈，但说的有些内容是废话，这就会浪费面试官的时间却毫无收获，要知道，面试过程也要讲效率。与之相反的还有不健谈的应聘者。对这两种人，面试官要想办法控制面试的速度，把握主动权，在有限的时间内探寻到想要探寻的各种信息，然后结束面试。

1.应对特别健谈的应聘者

一个健谈的应聘者，当你让他自我介绍时，他可能会像讲故事一样将他的经历一股脑地告诉给你。但是30分钟过去了，重要的信息依然没有掌握，遇到这种情况，作为面试官不能简单粗暴地打断应聘者，而是要用非语言的肢体方式把话题引导到想讨论的话题上来。那么，非语言的肢体方式怎么用？

如果应聘者说"我工作时如何出色"，却并没有讲到自己是通过哪些方式让自己变得出色。此时，面试官可以用一个下压的手势并用话语提示应聘者说："嗯，你很出色，那你能详细阐述下你的工作方式吗？"这样通过肢体语言告诉应聘者，可以调整下交谈方向。

2.应对不善言谈的应聘者

比如技术人员，技能很好，但是不善言辞。这就需要面试官营造出轻松的面试氛围，让他感受到和你聊天很轻松愉悦，他就会慢慢地说出自己想说的话。当你提出的问题，应聘者回答不上来时，面试官千万不要流露出"不会说？我看你不行吧"这样的表情。此时，面试官可以这样说："哦，对不起，可能我没有问清楚，我想问……，您觉得在处理这个问题时会……"当你把责任推到自己身上时，会对应聘者的心理有一个舒缓作用，缓解了尴尬的气氛，也让应聘者的压力不那么大。

 **相关链接** ‹

面试官如何应对不同类型面试者

1.沉默紧张型

沉默紧张型是指应聘者说话少，并且说话很拘谨。对这类应聘者，可以采取以下方法。

（1）点头、微笑，创造一种亲近、轻松的气氛，鼓励对方继续讲述自己的经历。

（2）言谈中对应聘人的某项工作表示诚恳的祝贺。

比如："李先生，你能将工作做得这么细致，我想你在这方面是能胜任工作的，你可以给我再提供另一个相关的事例吗？"

（3）对应聘人过去的不利的事件表示理解。

比如："我也有过类似的处境，我的上司不知道我怎样努力地工作，并且事情是多么的乱，我明白你的感觉。"

2.滔滔不绝型

滔滔不绝型是指应聘者提供大量事例试图取悦面试官。对这类应聘者，可以采取以下方法。

（1）有礼貌地打断应聘者，强调答案的简洁。

比如："很好，李先生，这恰好是我所需要了解的情况，很清楚。下面我们将讨论另一个问题，由于时间关系，你只要告诉我事情是在怎样的情况下采取怎样的方法来处理，并取得了哪些成绩就可以了。下面我们讨论……"

（2）有礼貌地打断应聘人，转变话题。

比如："请原谅打断一下，你刚才提到了××××的开发工作，我需要具体地了解这项工作，请简要地描述你开发最成功的一次经历。"

3.言不达意型

言不达意型是指应聘者回答问题切不中要害。对这类应聘者，可以采取以下方法。

（1）礼貌地打断应聘人，并暗示应聘人你需要了解的真正问题是什么。

比如："因此，你负责给顾客发货，我想稍后我会同你讨论这个问题，但是现在，我想讨论的是……"

（2）澄清误解的问题和应聘人的回答。

比如："陈先生，可能刚才我的意思表达得不太清楚，其实我想重点了解一下……"

4.啰唆型

啰唆型是指应聘者回答问题时逻辑性不强，语序颠三倒四。对这类应聘者，可以礼貌地打断应聘人，暗示分步骤来回答问题。

比如："陈先生，所有这些重要的问题，我们都可以讨论，我想你如果按事情发生的原因、处理过程、处理结果三步骤来讲可能会既清楚又节约时间，以便我能了解你更多的情况。"

三、维护应聘者的自尊

尊重别人，是最基本的礼貌。不论身份地位、职位高低。做招聘面试的人员，在招聘过程中，更应摆正态度，给予应聘者应有的尊重。那么面试官该如何维护应聘者的自尊呢？方法如图5-7所示。

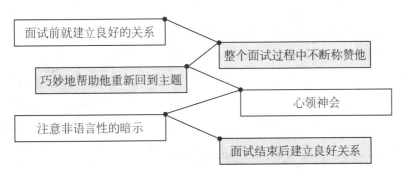

图5-7 维护应聘者自尊的方法

1.面试前就建立良好的关系

与应聘者见面时微笑、点头、握手，跟他闲聊，比如问"今天堵车吗"，或还可以问他"我们这位置好找吗？你过来顺不顺利"，事先就建立良好的关系，使应聘者放松紧张的心理。

2.整个面试过程中不断称赞他

你可以点头并微笑着鼓励他，或者说："你今天穿得很精神，你这个领带很特别。"应聘者会很高兴的。

3.巧妙地帮助他重新回到主题

谈话时难免有跑题的现象，如果应聘者没有理解你的问题，他答非所问，这个时候你应该说"我是不是没说清楚？其实刚才我问的问题是……"，而不对他说"你听懂了没有？你明白我说什么吗？"。把问题换成"我是不是没说清楚"，把责任全拉到自己身上，然后再复述刚才的问题，这样就能给对方最大程度的尊重。

4.心领神会

"心领神会"是说，要设身处地地站在对方的角度考虑问题，比如候选人太紧张，你可以说："你不用紧张，如果换成我在你这个位置，我也是这样。"这样，他可能就不会那么紧张了。

5.注意非语言性的暗示

要知道，在面试时，坐在你对面的应聘者也在观察你。这个时候你的一些动作（如经常显得不耐烦、皱皱眉、下意识摇头）会给应聘者暗示。虽然你一再地对他说"你做得很好，你说得非常好"，但是你的摇头、皱眉、看手机、不耐烦、跷二郎腿等非语言性的动作都告诉他："我对你不感兴趣。"因此，面试时，你也要注意你自己的肢体语言。实际上，应聘者从你的肢体语言中得到的信息，比从听你说得到的信息还要多。

6.面试结束后建立良好关系

在面试结束后，应把应聘者送出门口，不管是否予以录用，都应体现尊重。哪怕你在面试过程中就觉得他不合适，不能录用他，面试结束后你也应该把他送到门口，跟他握手言别，并真心地感谢他花时间来参加面试，这样使得这个应聘者不会很沮丧地离开，这就是对他人最起码的尊重。

四、进行有效面谈的原则

1.让求职者多说

面试的目的是希望通过面谈的机会多观察或了解求职者，所以面试官提出的问题及个人谈话仅占20%就够了，其他80%的时间应该让求职者去发挥。这样才可以从各种角度去"听"对方的谈话内容、观察对方的反应，细细地评量。

2.不要试图替求职者接话，或帮他完成答案

承续前一项尽量让求职者多"说"的原则，不要抢着替对方完成回答，因为面试官要听的是"他的想法"。面试官如果替他的回答进行补充，或者发表意见，很容易让对方在后续的回答中刻意迎合。

3.摒除先入为主的成见

很多时候面试官会凭第一印象来假设对方大概是什么样的人，但是凭第一印象或直觉都太主观了，这种主观甚至会影响面试官在"听"求职者的回答时，也只撷取自己想听的部分，而刻意忽略与其形象不符的那部分。

也有面试官会特别偏好某些典型的求职者，可能是因为在他身上看到了一个似曾相识的影子（自己的或者其一向崇拜的偶像），心中就先认定了他最合适，对于其他求职者的评断难免可能失之公允。

4.对于面谈表现越出色的求职者越要谨慎求证

面试官的职责是要找到能为公司创造价值的人员，而非求职技巧非常娴熟的面谈高手。如果求职者给面试官的回答听起来太完美而不够真实，或者完全不加思索就能反应，面试官就要怀疑他是不是在背诵答案。

5.记住你才是面谈的掌控者

面试官必须十分清楚并掌控面谈流程及时间，有些十分健谈的求职者，话匣子一打开就一发不可制止，这时你可以委婉地打断他："听起来的确

相当精彩有趣，不过我想我们今天的时间较紧凑，不得不进行到下一个主题了。"

有时候求职者说着说着就偏离了主题，不论他是有意（刻意移转到对他比较有利的话题）还是无意，面试官都有必要及时把话题拉回正轨，照着你原先设计好的方式继续进行。

五、面试中的忌讳

1.不要被简历忽悠了

简历是固定的，不一定能反映出面试者当下的情况。

比如，简历上写的是名校毕业的，又有知名企业的工作背景。但这些都是过去，不能说明面试者现在的水平。

简历往往有水分，或者描述不精确的地方。

比如，简历上写的是精通Java语言，到底精通到什么程度，只有通过面试才能大致了解。

对于应聘者简历上越是把自己写得优秀的地方，面试官越要查询，去伪求真。

2.不要对应聘者有任何假设

不要对应聘者有任何假设，包括简历上的信息。唯一的假设就是对方不合格。

有些面试官看到对方有多年经验，就假设他们在某个方面是合格的，在心理上已经开始放松。还有面试官看到对方在某些问题上口若悬河，就假设对方有经验、有水平，而主动放弃了追问细节的机会。录用以后才发现此人空有理论，没有动手能力，会说不会做。

小提示

录取一个不合格的人，不仅是对公司不负责，也是对面试者不负责。因此在面试过程中，要想方设法找出应聘者的问题，为最终的决定提供有效的判断依据。

3.不要把决定留给下一个人

通常，一个面试者要经过几道面试，最终的结果往往要大家讨论，或者领导拍板。于是，有些面试官认为自己是开始的关卡，并不重要，反正决定权在后面。有了这种心理，会在很大程度上影响面试的效果。

面试官本来自己可以搞清楚的问题，却把责任推给了后面的人。或者有意问一些简单的问题，把难题留给后面的人。其实，无论最终是大家讨论，还是领导拍板，每个面试官的论点和论据都很重要。

4.不要问具有诱导性的问题

面试时会通常问一些开放式的问题，希望给面试者一个发挥的空间。但如果提出问题的角度不对，就变成了具有诱导性的问题，引导甚至迫使面试者朝面试官想听的方向回答。

比如，面试官问："你是怎样看待团队合作的？"绝大多数面试者回答时，都会试图讲述团队合作的好处，因为这是面试官想听的。像这样的问题，答案虽然多种多样，但很难从中得到有效信息。应对如流的人很可能事先准备过，但实际工作中不一定能做到。而那些回答得不太好的人，说不定做得挺好，只是在这么短的时间内总结不出来，表达不清楚而已。

因此，面试官在准备问题时，一定要从面试者的角度去考虑一下，看看他们有什么样的选择。如果面试者没有选择，这样的问题问了也是白问。

5.不要仅仅关注面试者的答案

所谓面试，自然要出一些题目考考应聘者。特别是技术类型的面试，出些试题是很必要的。但是，面试官要关注的不仅仅是面试者的答案，而是他们怎样获得答案。

面试官一定要清楚地知道，哪些答案是死的知识点，哪些答案是活的解决方法。知识点暂时不知道没有关系，是可以通过学习得到的，而方法则不是那么容易学得到的。

6.不要放弃对细节的追问

无论是简历，还是面试时的介绍，都是应聘者事先准备过、总结过的。这些好比他们的穿戴打扮，要想看清本质，唯一的办法就是让他们卸去装扮，充分展示内里。

比如，有不少面试者说自己的优点是学习能力强。然而当具体问到他们最近读了什么书，看了什么论文，或者在项目中学到了什么东西时，却支支吾吾，说不清楚。

面试官一定要注意，追问细节的目的不是拷问对方，寻找满意的答案，而是试图了解面试者对某方面的理解是否源于自己的真实经历，某些说法是否可信等。

第六节

理性谈薪

薪酬，是工作能力和工作绩效最直观的反映。当企业看上了某一个人才，彼此又都合适时，应聘者却可能会嫌弃薪水太低。对于心仪的人才，面试官应掌握一定的谈薪技巧，与其沟通，确保双方满意，留住人才。

一、提前告知公司的薪酬原则

针对一些求职者过高的薪酬期待，面试官要明确告诉他公司的薪酬原则。

比如：

（1）定薪需要遵循公司现有的薪酬体系；

（2）原有薪酬可以作为参考，但并非绝对依据；

（3）公司目前的薪酬体系，是在对市场全面调查的基础上确定的，体现了公司的价值标准等。

二、不要开始就谈薪资

面试时，面试官应该避免一开始就谈论薪资。因为面试官需要在面试过程中积累对应聘者足够的了解，也需要让应聘者对企业及职务有一定程度的认识，否则当双方的沟通还不够时，就盲目说出薪资的数字，会破坏谈判的可能性。

在谈话的过程中，面试官可以了解到哪方占了上风。如果应聘者具备很好的条件，那么企业在薪资上必须大方些；相反地，如果应聘者只是条件相当的可能人选之一，企业则可以把薪资压低些，延后谈论薪资的时间，以获得信息及思考的机会。

三、不要直接询问对方期望薪资

有的面试官在面试时常常会直接询问应聘者希望的待遇是多少，其实这样已经给予应聘者开价的权力，往往对企业较为不利。尤其是当应聘者说出理想待遇，而企业又没有办法满足他的希望时，便产生了负面的影响。

所以，面试官应该先询问应聘者"目前/上一份工作的薪资是多少"，这样企业才会有较为合理的参考标准。如果应聘者目前的薪资低于企业预定的最高薪资值，面试官可以依据想要应聘者加入程度的高低，调整薪资以吸引应聘者；如果应聘者目前的薪资高于企业预定的最高薪资值，面试官可以把说服的重点放在职务的其他优势上。

四、知己知彼掌握薪资信息

薪资谈判过程中，作为企业方要知己知彼。知己就是了解自己企业的薪资结构和现状，知彼就是了解应聘者的真实薪资待遇和他曾经的薪资待遇，同时知道同类人才的社会平均薪资，甚至他的社会关系（同学、亲朋等）的薪资待遇。

面试官在调查了解全面信息的基础上，就掌握了薪资谈判的主动权，这样来与应聘者谈判，可以降低应聘者的心理预期，使应聘者主动降低薪资要求。

五、弱化应聘者的重要性

即使企业很中意某位候选人，面试官在面试时还是不要太过表露，这样会增加其自我评价的分量。面试官可以向其表明，还有很多候选者正在竞聘该职位，公司也在权衡比较。这样就能够有效降低应聘者自我预估的重要性，增加面试官的谈判筹码。

六、薪资标准要讨论明确

要让应聘者对薪资要求开诚布公并不容易，许多人害怕如果说出自己目前或者希望的待遇，可能会让他们在应聘过程中丧失优势，企业会录取薪资要求较低，但条件相似的求职者。然而，讨论薪资是应聘的关键部分，如果应聘者躲闪这个问题，或者回答不清楚，面试官可以这样告诉应聘者：

"我们目前有一个职缺，我们必须知道你是不是可能的人选，我不想浪费你的时间，也不想浪费企业的时间。"

另外，HR可以通过问话的方式试探薪资的可能性，避免双方可能的尴尬。

比如，"如果企业给你5000元的薪水，这和你预期有没有可能吻合？"

七、突出强调其他优渥条件

一个职务的报酬并不只体现在薪资上，当面试官与应聘者在薪资上的看法不同时，面试官可以量化其他福利，以减少双方的分歧。

比如，面试官可以向应聘者分析，虽然职务的基本底薪比应聘者的预期低，但是企业的佣金及年终奖金比一般企业高，想办法在不提高薪资的情况下，让应聘者看到一个职位的真正价值，以增强对应聘者的吸引力。

八、抓住对方需求

在沟通过程中，面试官可以仔细聆听应聘者的说法，了解他们重视的其他条件是什么，以尽量满足他们的要求。对某些应聘者而言，弹性的上下班时间、休假、培训的机会等，虽然不是直接的薪资报酬，但是可能也是他们决定是否接受一项工作的重要参照。

九、降低应聘者实际心理期望

无论多么急用的人才，在薪资谈判阶段都不能操之过急。

应聘者的薪资预期要求比自己企业薪资水平高出很多时，也不要轻易放弃，必要时也要出点难题考一下。

比如，有一位老板看上了一位很优秀的人才，非常想录用他，但应聘者的薪资要求较高，自信心太强。于是他在面试时出了几道专业领域里面的尖锐难题，结果应聘者答得不好，自信心锐减，就这样薪资很快谈了下来。所以薪资谈判是心理战，更是耐力战和智慧战。

十、谈薪的态度应该诚恳

薪资谈判的目标不是把薪资压到最低，而是为企业找到最适合的员工。面试官如果在谈论薪资上耍花招，如误导应聘者将来加薪的幅度很大，只求把应聘者先招进门。这样，应聘者当时即使勉强接受过低的薪资，过后也会因为薪资确实不符合他们的需求而伺机离开。这样一来，为了留住人才，企业虽然暂时省了些钱，但将来会付出更加高昂的代价。

如果应聘者目前的薪资高于企业预定的最高薪资值很多，面试官应该立刻诚实告知应聘者，以避免浪费双方的时间。当面试官诚实告知应聘者，虽然企业很希望聘请他，但是真的无法支付如此高的薪资时，有时候应聘者甚至会因为喜欢工作内容等原因，而在薪资上自动让步。这种诚实的做法，比起在听到应聘者的高价后，再寻找其他借口拒绝应聘者，能使企业较大机会以低薪获得人才。

十一、用企业实力吸引应聘者

面试官在和应聘者交谈中，应引导应聘者看企业的网站和有关的宣传册，介绍企业的管理团队，介绍企业的文化。此外，还要介绍企业所在行业的发展趋势，介绍在这一大行业背景下企业的发展历史、现状及未来走向和发展战略；并结合应聘者的自身特点为应聘者做简明而充满希望的职业生涯规划，以满足应聘者的成长渴望；同时根据应聘者的实际情况积极正面地引导应聘者共同奋斗，体会企业成长的乐趣。

> **小提示**
>
> 正面的理念引导，会增加企业对应聘者的吸引力，冲抵应聘者对实实在在的薪资的期望。但在进行此类操作时，忌讳神吹胡侃。

十二、试用期和转正工资一次谈妥

面试官一定要和求职者谈好试用工资和转正工资，有的面试官只谈试用工资，说转正后再谈转正工资，这不可取，你要给大家一个明确的数字。而且，试用结束的时候，通常公司对员工的评价和个人对自己的评判是不一致的，这时再谈判，如果谈崩了对双方都是一个损失。

相关链接

决定新员工起薪应考虑的因素

1. 工资的差别

首先，每个职位的报酬应该根据该职位的职位评价来确定，然后根据企业的具体情况做适当的调整，高报酬必须拿得有理有据。这就需要企业设计报酬结构时将基本工资和技能等级工资区分开来，基本工资对于同等资历的人来说是相同的，差别体现在技能等级工资中。

比如，两名同时毕业的应届本科毕业生就职于某软件开发公司，一个是行政职能岗位，另一个是开发岗位，他们的基本工资应该是相同的。但由于从事的工作职位不同，开发人员是软件企业的重要知识资本，所以进行开发工作的应届毕业生，技能等级就高，技能工资就相应高一些。

2. 完善的制度

完善企业内部晋升与竞聘岗位机制，并在新员工入职的时候，就把岗位晋升与竞聘机制清晰地展示给他们。晋升与竞聘机制对于业务团队尤为重要。晋升是企业对于员工最大的认可与激励，同时一个人的合理晋升，也是对其他人的鼓励，企业应该明确晋升年限、要求、岗位等标准，为员工在工作中提供目标。这样一来，即便刚刚入职的时候，起薪较新员工的预期较低，也会让他们看到职位和薪资的前景，而不在于关注一时的薪资。相反，一名优秀的员工在一家企业，如果看不到任何晋升的机会，就算赚再多的钱也无法满足其实现个人价值的期望，甚至会逐渐因此而形成负面的情绪。

3. 合理的激励

适当推行新员工收益分享方案，尤其是与企业利润直接挂钩的岗位，比如营销策划、销售岗位等。企业应给予入职之后，且为企业带来利润的新员工以相应的奖金或者提成。很多企业对入职不久或者对试用期不通过的新员工不予发放业绩提成或奖金，这样的做法，说轻了是有损新员工的积极性，说重了就有违薪酬设计的公平性原则。

考虑以上几个因素定出的起薪，大多数应聘者会接受，即便个别应聘者不接受，但由于应聘人数较多，或者招聘期限较长，所以哪怕损失一些应聘者，也不会对企业造成很大的影响。

【 情景模拟 】▶▶▶

应聘者：（有节奏地敲门）

主考官：请进！

应聘者：（走进考场）各位考官下午好！（俯身15度鞠躬）

主考官：（微笑，目光注视对方）你好，请坐下，那开始我们的面试吧。

应聘者：（微笑）谢谢！（拉开椅子就坐，注意椅子不发出声音及坐姿）

副考官1：请你简单地介绍下自己。

应聘者：我叫钟××，来自湖北孝感，2020年7月毕业于湖北××××学院，在校期间认真学习，具备广泛的兴趣和丰富的专业知识，适应能力强，能够在很短段时间内融入一个新的领域和团队，并且把它做好。我勇于挑战自我，工作积极热情，为了完成自己的目标能够努力。同时，我也是个乐于与人沟通，具有较强的团队管理能力和协作能力的人。

主考官：你的简历上写了你大学专科三年学的是营销连锁专业，那你可以告诉我，你认为你学到了哪些知识？

副考官 2：或者说你认为你有哪些技能可以让你的销售与众不同？

应聘者：刚读大学时我认为营销就是推销，后来我发现并不是这样的。这个专业不仅仅让我学会了营销理念和知识，更学会了与客户沟通和营销管理方面的知识，学习这个专业让我从一个内向的男生，变得擅于与人沟通起来。同时我们的专业老师更加注重实践，我们大学期间对于 Office 三件套 Excel，Word，PPT 的运用十分熟练，同时我不断要求自己学习英语，英语达到四级水平。我想这些对于未来的销售工作都是有帮助的。

主考官：假设你在工作中，销售业绩特别突出，得到领导的肯定。但同时，你发现同事们越来越孤立你，远离你，你怎么办？

应聘者：成绩比较突出，得到公司上级领导的肯定是件好事情，我会以后更加努力，并且力所能及地帮助同事提升业绩。对于同事们对我的态度，我会检讨一下自己，是不是和同事的人际沟通不多，业余时间交流不够，这就需要加强同事间的交往和共同的兴趣爱好的培养。在工作中，尽量不伤害到别人的自尊心，也避免在领导前拨弄是非，因为没有完美的个人，只有完美的团队。

主考官：我比较赞同你的看法和做法！

副考官 1：在未来的五年内，你有怎样的职业生涯规划呢？

应聘者：未来五年内，我会从基层做起，一到两年内学习基本技能，在销售领域成为先进分子；三到五年内进入基层管理团队，学习工作中管理方面的知识，让自己更加适合管理工作，为以后发展打好基础。

副考官 1：好的，谢谢你的回答！你有什么问题想问我们的吗？

应聘者：没有了。

副考官 1：好的。如果你被最终录取的话，我们将会以电话形式通知你。现在，你可以离开了。

应聘者：各位考官辛苦啦！谢谢！（缓步起身，将椅子放回原位，关门离开）

第六章

成为优秀公考面试官

导言

南宋辛弃疾的《青玉案·元夕》："东风夜放花千树，更吹落、星如雨。宝马雕车香满路。凤箫声动，玉壶光转，一夜鱼龙舞。蛾儿雪柳黄金缕，笑语盈盈暗香去。"考官要做的就是"众里寻他（她）千百度，蓦然回首，那人却在灯火阑珊处"。

第一节
学术视角看公考面试

一、"凡进必考"是历史的选择

我国政府机关一致坚持"凡进必考"的原则，录用了大批优秀人才，优化了公务员结构，提高了公务员队伍的整体素质水平。随着我国干部人事制度改革的深入，为适应政府转变职能的要求，2007年，国家发布了《公务员录用规定（试行）》，从国家法规的层面加强了对公务员录用方式的管理，其中第二十条明确规定"公务员录用考试采取笔试和面试的方式进行"，第二十二条规定"根据笔试成绩由高到低确定面试人选"。作为一种目前普遍适用的人才测评方式，面试能够考查考生所具备的基本素质以及发展潜力，与笔试测评方式相辅相成。

《中华人民共和国公务员法》规定，副主任科员、科员、办事员都是非领导职务层次的公务员，他们都是需要通过公务员考试获得公务员身份的。

二、公务员结构化面试盛行

公务员面试正在不断地发展，从最初的几种相对固定的模式，到最近几年不断进行题型创新，题型逐渐接地气，摒除以前的怪题和偏题。随着越来越丰富的面试题型和内容，对考生的要求也越来越高，这对考生而言是挑战也是机遇。题型和内容丰富，考生能够充分展现自己的综合素质。

结构化面试形式基本上已经成为公务员面试采用最多的测评方式。公务员面试采用的结构化面试形式，在考生和用人单位中有着较好的满意度，比其他的测评方式，能更好地体现公平性，能微妙地平衡面试的公平和科学，并且有深度发展的空间，能够与目前招录工作的要求较好地匹配，使得目前公务员的招录面试工作在使用结构化面试的基础上不断取得进步。结构化面试将职位要求、面试的试题、评分的标准和要求、评分比例等结构化，由考官针对考生的表现做出评价，按招考数量选择合适的考生。从目前各方研究结构化面试的理论和实践来看，在公务员考试录用过程中，结构化面试发挥着极为重要的作用。

部分国考岗位尝试了无领导小组讨论面试法，这种方法是指将应聘同一岗位的应聘者集中到一个考场进行面试，一般为 6 ~ 10 人。在面试环节中考官不发表任何意见，只是充当观察员，观察在小组讨论中每一个应聘者的表现情况。而应聘者需要根据面前的一张写着面试要求的纸，根据面试要求给出的需要讨论的题目进行自由讨论，并在规定的时间里讨论出一个全体一致通过的结果，并选派出一名应聘者对讨论的结果进行汇报。无领导小组讨论常见于"世界500强"大型企业的招聘环节中。

情景模拟是指面试官给应聘者描述一个场景，该场景通常是应聘者即将从事该岗位会遇到的类似的实际情况的情景，并要求应聘者给出在此场景中的反应及应对措施，从而考查应聘者的反应能力以及逻辑思维能力等。

公务员结构化面试流程如图6-1所示。

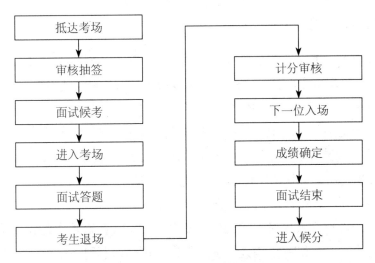

图6-1　公务员结构化面试流程示意图

三、公务员结构化面试研究综述

"为政之要，唯在得人。"我国公务员考录制度是在吸取我国古代科举制度经验，同时借鉴西方文官制度的基础上发展起来的。结构化面试是我国现阶段公务员考录中的主要面试方法，随着应用的不断深入，一些问题也凸显出来。

"得人者兴，失人者崩。"考试录用制度是选贤举能的基本制度保障，是现代文官制度发展的一个重要标志。我国自1993颁布《国家公务员暂行条例》，之后颁布了《国家公务员录用暂行规定》，并于2005年颁布《中华人民共和国公务员法》，以法律形式将公务员考试录用制度规定下来。公务员的录用是指国家行政机关为补充担任主任科员以下非领导职务的公务员，按照法定的程序，采取公开考试、严格考核的办法，按照德才兼备的标准将符合条件的人员录用为公务员的一种人事管理制度。

作为公务员考录制度中面试的一种代表形式，结构化面试于20世纪80年代引入中国，而后1994年，首次被应用于公务员考试，并在1996年的国家公务员考试中得到推广。结构化面试相对于非结构化面试而言，是指预先设计好面试的内容、试题、权数、评定、程序等要素并按照标准化方案实施统一面试的一种面试形式或方法。

1.国外研究现状

国外公务员考录制度借鉴了我国古代科举制度的经验，经过自身近百年的发展，已经形成了较为科学的人才选拔程序。国外对面试的研究开始较早，主要有结构化面试和非结构化面试等研究方向。结构化面试研究较为成熟的原因，主要是国外广泛地运用面试形式选拔人才，充分的实践为理论研究奠定了基础。笔者将国外对结构化面试的研究大致分为两大阶段：一是结构化面试未提出之前；二是结构化面试正式提出之后。

结构化面试在提出之前国外研究主要集中在对面试的研究上。美国人斯考特等（1915年）最先对"雇佣面试能否区分应试者素质的高低"提出质疑并开展研究，通过研究销售人员选拔面试的过程，发现面试评分者的信度和效度都较低。这一结论引起了用人单位对面试信度、效度的质疑。

20世纪40年代，人们主要研究面试信度和效度。经研究，发现面试信度主要在0.22到0.98之间浮动，面试效度主要在0.19到0.84之间浮动。学者瓦哥纳提出要采用标准化的面试方式，以提高面试的准确度，从而缩小浮动范围。60年代的研究焦点主要在考官上。1964年，韦伯斯特研究得出，考官往往会在面试开始后的2～3分钟内做出"理想人选"的判断，而后依据"理想人选"所具有的能力和素质特征匹配相应符合条件的面试者。据此可知，考官在进行面试评分的过程中，极易受个人主观意识和偏好的影响，这就造成考官评分有效性的缺失。此后的研究主要围绕提高面试考官评分有效性而展开。

20世纪80年代，全球化竞争愈演愈烈，如何减少劳动成本、提高员工生产率成为大家关注的焦点。正是在这样的背景下，结构化面试应运而生，主要分为行为描述面试和情景性面试两大类。结构化面试正式提出之后的研究主要集中在两方面：一是对结构化面试中"结构"的研究，即标准化程度；二是与其他非结构化面试相比，其优势所在。

随着结构化面试的发展，又有学者对结构化面试的信效度展开研究。典型代表有Wiesner、Cronshaw等，他们（1988年）通过研究得到三大结论：其一，面试结构的重要性，面试效度会受面试结构化程度的影响；其二，职位分析的重要性，提前进行职位分析比未进行职位分析面试效果好；其三，当面试为非结构化面试时，小组面试比单独面试效果好。该结论为之后研究提供了新思路。

McDaniel（1994年）通过研究发现，面试效度与面试内容、方式以及效标性质具有紧密联系。Huffcutt和Arthur（1996年）在前人研究的基础上，具体分析面试效度与新进人员表现之间的关系，得出面试结构在极大程度上影响面试效度。

国外前期的研究主要集中在面试的信效度以及结构化程度等方面，旨在提高面试的准确性以及考官评分的有效性，但缺乏系统地研究公务员结构化面试的功能及程序。因此，不能完全达到提高面试规范性和准确性的目的。

 相关链接 ‹

各国公务员的选拔

美国公务员的组成与我国不同。美国公务员招考录用工作，以平等、公正为首要的招考原则，以一个固定、规范的流程来开展招录工作，保障了招录工作的顺利进行。另外，招考过程中不允许出现歧视残疾人或其他种族的现象。美国高级公务员核心能力框架指标体系则包括5项能力，又进一步划分为 27 个要素，如领导变革能力又细化为创造性和革新性、不断学习、外部洞察、灵活性、适应能力、工作激励、战略思维和组织观念性这 8 项具有操作性的要素。

法国以文官管理局组织公务员招录工作。法国公务员分为 A、B、C、D4 个等级。A 级招录形式为：考生通过国家行政学院集中考试并及格后，进入国家行政学院学习受训 3 年后方能毕业任职。其他等级公务员的选拔方式由用人单位自行选择。

英国公务员考试由 3 个步骤组成，即：统一考试，参加者从若干选题中选择一个展开写论文；专业考核，考生可以在题库里选择自己擅长的领域，回答 2 ~ 3 个问题；口试答辩，类似于面试。最后，考选委员会还要进行最后的面试，最后得分分为 7 个等级，只有在可以接受以上的 3 个等级，才可能被录用。

新加坡设立有独立的公务员管理机构，对公务员的考试和录用工作进行专门的管理，注重公务员素质建设，严格考核评估。公务员被录用后，还需要跟踪考核品德以及评估工作能力与潜力。人才标准明确而且严格。要求效忠国家、政府；时刻把国家和人民的利益放在首位，廉洁奉公，遵纪守法；有较强的专业能力；能得到民众的支持；能够抗压，能在条件困难的时候顶住压力、完成任务。

日本是比较早实行考试录用文职公务员的国家之一。日本《国家公务员法》规定："公务员必须通过竞争考试，但除了竞争性考试外，不会妨碍用其他能力测试的方法进行考查选拔。"日本公务员考试分为三级，即高级、中级和初级。最后组织面试，面试不合格者也要被淘汰。公务员考试竞争激烈，日本是世界公务员招用率最低的国家之一。

德国的招收公务员采取公开考试的方式，但不会统一进行，只是在某部位出现空缺的时候，向社会公开招考条件、职位等信息。考生可通过网上或书面申请，参加笔试。在笔试位列前十分之一的考生可以进入面试阶段，面试大约进行半个小时。通过面试后，会进行为期 1 个月的培训。培训结束后，在最后一轮淘汰中胜出者进入试用期。

俄罗斯政府各部委通过竞赛和考试来招录公务员。用人单位通过竞赛方式选拔一批即将毕业的大学生进入单位实习，然后确定是否接受这些实习生的入职申请。在一般情况下，专业考试仍然是进入公务员队伍不能跨越的门槛。所有考生须提交所有个人信息并按时参加笔试、面试，专业评估和面对面对话。

韩国公务员分等级，分为政务公务员和普通公务员。普通公务员通过公务员考试进行招考，共9个等级，一级最高，九级最低。考试内容针对不同的级别有所区分，难度也与级别相对应。等级制的实施提高了韩国公务员招考的灵活性，也为公务员的层次化培养提供了制度保障。

泰国的报考者最终成为公务员，须经过3次评估，即A、B、C。其中，A考试称为国家考试，B是专业知识考试，C是面试。并不是成为公务员都要经过3次评估，对于有特别才能的人，不参加考试通过培养也可以成为公务员。

西方国家的公务员选拔制度对东方国家产生了深远的影响。一些东方国家的公务员选拔制度是在西方国家公务员选拔制度的启发下建立的，有的是由西方殖民者直接建立，或者是在西方国家的指导和帮助下建立起来的。菲律宾和泰国都有部门负责管理公务员考试，在任用方式上与美国相同或相似。独立前的印度其公务员选拔制度完全是英国式的，独立后又采用两次考试的办法。这个办法参考了德国公务员录用方法，第一次竞争考试的合格人员分别进入国立行政学院、各种专门的培训学校学习，学习期满后再通过一次结业考试，考试及格者方能得到试用。

2.国内研究现状

我国的公务员考录制度，是在总结和完善我国古代科举制度的基础上，借鉴西方文官考试录用制度而形成的。由于起步较晚，我国对面试的研究较少，大多停留在应用层面，理论研究远远滞后于实践研究。20世纪80年代我国开始对面试进行研究，主要是对西方人才测评技术的引进，而并没有系统研究面试本身。1993年，《国家公务员暂行条例》颁布实施，标志着国家公务员制度正式建立，也将结构化面试正式引入到公务员的录用考试中，自此逐步出现有关面试信度的研究。

苏永华等（1998年）在《国家公务员录用面试初步研究》一文中通过分

析1997年湖北省省直公务员考试面试环节的相关数据，得出结构化面试考官评分信度较高，同时与笔试进行比较，得出面试具有测评的直接性、双向沟通性以及灵活性等优点。

洪自强等（2003年）在《南开管理评论》上发表的《结构化面试构思效度现场研究》一文，通过还原结构化面试现场，研究面试的构思特征、影响因素及信度问题，得出结构化面试要素内部信度和面试考官间评判的信度都较高。

李文钰、王经北（2009年）指出可以在面试中引入旁听制度，同时分析了面试目前存在的主要问题。

顾一梅（2014年）提出应该提高公务员考录面试效度，并从分析岗位、考官队伍的建立和完善、面试组织工作的完善等方面提出相关的建议。

尹奎（2016年）在《正式反馈提高结构化面试的信效度》一文中指出，结构化面试有相对较高的信度和效度，并提出提高面试信效度的措施有：关注面试内容、重视考官培训、考官专业多样化、通过先进方法减少统计误差等。

张弘等（2016年）在《中国人力资源开发》上发表的《公务员招录中材料型结构化面试的信效度研究》一文，借助结构化面试信效度方面成熟的理论与方法，通过对比传统型和材料型结构化面试题本，运用实验法研究材料型结构化面试的信度和效度问题。实验发现，传统型与材料型都具有较好的考官间信度，但就沟通能力效标效度而言，材料型明显优于传统型结构化面试。

孙荣等（2018年）在《公务员结构化面试的评估与优化——基于A市公务员调研数据的分析》一文中通过实地调研，了解A市公务员结构化面试现状，提出优化结构化面试信效度的策略，为选拔具有胜任力的公务员提供借鉴。

吴志明（1997年）在《结构化面试中的评分一致性问题初探》一文中通过研究，指出面试评分员（即考官）的评分一致性易受到不同评分维度、应试者面试表现以及评分员知识经验水平等因素的影响。

孙晓敏等（2006年）在《国家公务员结构化面试中评委偏差的IRT分析》一文中，从心理学的角度出发，使用IRT的多面Rasch模型，对面试中评委的宽严程度、整体自身一致性进行分析；同时对评委自身一致性问题在考生、维度、性别及面试时间段上的表现进行偏差分析，得出以上两项均存在差异的结论。

巫小科（2007年）在《浅论加强我国公务员面试考官队伍建设》一文中指出，现阶段我国公务员面试考官队伍在素质、培训、管理、监督等方面存在诸多不足，应从严把素质关、规范考官培训、完善监督机制、建设考官库等方面优化公务员面试考官队伍。

徐建平等（2014年）在《结构化面试中面试官的评分及影响因素》一文中，运用社会互动、行为一致以及特质激活等理论，对面试的三大阶段（关系建立阶段、题目问答阶段、分数评定阶段）进行理论与实证分析，得出影响面试官评分的因素主要包括内部因素和外部因素两个方面。内部因素包含面试设计因素和考官自身情况等，外部因素包含考生因素、面试环境等。

李伟等（2015年）在《结构化面试中面试官胜任特征模型构建》一文中，以四川某银行面试官为研究对象，以胜任力特征模型为理论基础，结合考官的工作性质及结构化面试特点，构建考官胜任特征模型，对在结构化面试中考官应该具备怎样的胜任特征进行总结。

陈芳等（2016年）在《公务员面试考官评分策略研究》一文中，总结了面试考官的几种评分策略，揭示考官评分的内在规律，对提高结构化面试考官的评分的信效度研究提供参考。

王少雄（2008年）在《国外公务员考试录用制度之鉴》一文中主要介绍了英、美、法、德在录用公务员（文官）方面的考录办法，总结国外考录制度的特点，并指出我国可以在考录制度、人员、内容和技术、考官组成、考录方式等方面予以借鉴。

陈辉（2014年）在《现行公务员面试机制存在问题与解决对策分析》一文中，通过分析现行我国公务员面试体制机制的构成，指出存在的明显不足，并建议通过丰富面试形式，优化面试考官队伍、科学设计题本、加强面试过程中的沟通等途径来提高面试体制机制的科学性。

张长伍（2008年）在《公务员结构化面试操作程序与控制研究》一文对结构化面试操作程序流程、面试的领导小组的构成、面试时间地点等八个方面给出了建议，并举例说明考试和面试工作组对面试考场的操作控制。

很多文献均提到提高公务员结构化面试质量的路径。卢绍武（2005年）在《公务员面试的组织管理》一文中从建立规章制度、完善面试环节、面试组织领导监督监控、研究理论等几个方面对改善公务员面试的组织管理工作提出具体要求。

刘慧等（2008年）在《将无领导小组讨论引入公务员面试环节》一文中指出，我国现行的公务员面试形式是对考生单一、静态、纵向的比较，而无领导小组的引入将有利于公务员结构化面试朝考生间的横向、动态比较发展。

邢占军等（2009年）在《公务员结构化面试存在的问题及其完善策略》一文中指出，要从加大结构化面试的研究、提高面试的结构化程度、加大考官培训力度、探索与其他评价形式相结合等四大途径来提高结构化面试的质量。

李英武等（2010年）在《公选结构化面试中的印象管理及其影响因素》一文中阐述了在结构化面试中如何降低印象管理效应，从而提升面试质量。

通过以上有关公务员结构化面试的研究成果可以看出，这些研究成果大多集中在结构化面试的某些具体的环节，缺乏宏观、整体、系统的研究分析。只有在公务员结构化面试的各个环节均实现科学化、规范化、制度化，才能更好地提高公务员结构化面试的信效度，从而提升公务员人员选拔的人岗匹配度。

第二节
考官视角看公考面试

国家各部委、各省委组织部、省人力资源社会保障厅、省公务员局等主管机构在笔试阅卷完成后，研究并确定各类职位的最低合格分数线。在公共科目笔试合格的人员中，按成绩由高至低的顺序，以计划录用人数3倍的比例确定相应人选参加面试环节。

一、面试官与面试概况

面试的人选由招考单位按照相关单位规定进行资格复审工作，通过资格复审的面试人员名单由市以上公务员主管部门在有关网站公布。若某个考生在复审过程出现不合格，主管部门将会取消该考生的面试资格，然后，按照从高分到低分的顺序从报考同一职位且笔试成绩合格的人员中，依次递补选定面试人选。面试成绩由主考官在面试现场通知考生并签字确认。

二、面试官的选拔与确定

部分省实行的是双抽签制度，即考生和考官都要进行抽签，确定自己的顺序和考场。考官实行的是差额挑选，按照考官需求量的1.2倍确定考官人数。待考官抽签确定各自的考场后，考生也要通过抽签决定次序。这就保证考官不和考生在考前有相应的接触，能够客观、公正履行考官职责。在一部分省市是单抽签制度，考生按招考单位、岗位人数等级等提前安排好考场，面试官随机抽取对应的考场。

由7位面试官组成一个考官小组。除国考外，各省市面试不再特邀用人单位参与本单位考生的面试。部分省市实行全部异地选派交流面试考官的制度。考官和考生进场后，即开始隔离及封闭管理，收缴全部的通信工具。

三、考场的具体安排

面试区内共有11个人，7位考官（最中间的1位是主考官），1位记分员，1位计时员，还有2位监督员全程监督。考生是正坐在主考官的对面，保证双方可以对视。考生的座位上会有一张考卷，即面试题，一支笔，一张白纸。同时会要求考生不要在考卷上做任何标记，因为后面的考生还要用这个考卷，但可以在白纸上做草稿。

抽到第一的考生将由工作人员带到面试区进行面试，其他考生在候考区内候考。候考区和面试区是完全隔离的，候考的考生无法得知前面进行面试的考生的任何情况。在这期间，候考的考生不得离开候考区，如需上厕所，将由同性工作人员陪同前往，当然最好不要频繁。

四、面试时间及题量

从历年的面试情况来看，省考公务员面试都集中在两至三天进行，题量整体偏少，每天两套试题，上午下午各一套，每套试题有 3～4 道题目。面试设计基本都很接地气，考查考生的临场应变、语言表达、组织协调、人际关系等方面的综合能力。试题命制注重对初任公务员应知应会的基本能力素质的考查，力求达到测查出考生潜在能力和真实水平的目的。

下面提供公务员考试面试真题的范本，仅供参考。

实战范本

公务员考试面试真题

2020湖北公务员考试面试真题（11月6日上午）

第一题　请针对十九届五中全会，以"15年后的中国"为题目，发表一次演讲。

第二题　现在有很多人抱怨没有更多的时间学习，但却花时间去娱乐休闲，请结合自身实际谈谈如何更好地系统学习。

第三题　援鄂医疗团队来我市举办一次与患者的面对面交流会，领导让你来组织，你会从哪几个方面入手？

2020湖北公务员考试面试真题（11月6日下午）

第一题　铁人王进喜有一句名言："井无压力不出油，人无压力轻飘飘。"结合自身成长经历，以压力和担当做一次演讲。

第二题　由于新冠肺炎，武汉封城，疫情之后，街道上车水马龙，恢复了气息，有人说烟火气又回来了，对于烟火气回来了，你怎么看？

第三题　网红直播风气低下，影响了建设发展，你该如何向领导和网信部反映？

2020湖北省公务员面试真题（11月7日上午）（节选）

第二题　假如你是基层公务员，在基层工作，基层工作经验对你有什么帮助？

第三题　每年留守儿童来本市与父母团聚，招募一批大学生志愿者协助社区开展留守儿童关爱活动。但是报名的留守儿童不多，如果让你开展这项工作你怎么处理？

2020湖北省公务员面试真题（11月7日下午）（节选）

第二题　短视频"文明A"计划，你去做创意文明短视频，你的创意和做法？

第三题　你的同事被从秘书调到其他岗位，面对群众很多，不会处理，经常找你诉苦，你怎么做？

2020湖北省公务员面试真题（11月8日上午）

第一题　黄文秀的秀美人生歌词，引出"年轻人对基层的态度就是乡村的未来"，谈谈你的感触。（4分钟）

第二题　代购、代驾等"代"经济火爆，有人说带动经济发展，促进就业，有人说有风险，存在一些问题和漏洞，你怎么看？（5分钟）

第三题　一名村书记走访了800户，做了300份调研报告，收集600多条建议，写下5篇专项报告，一项一项狠抓落实，得到村民一致好评。谈谈对你的启示。（6分钟）

2020湖北省公务员面试真题（11月8日下午）（节选）

第二题　农村工作比较烦琐，你作为一个基层工作人员，现你去入职，请你做一个入职发言？（5分钟）

第三题　老字号品种单一、价格昂贵，现领导安排你去老字号产业进行扶持，你该怎么做？（6分钟）

第三节

面试考官评分的非理性表现

公务员面试是公务员招考中十分重要的一环，相对来说，笔试是对公务员考生综合知识和学习能力的测试，面试则是对公务员考生工作能力的重要评价，是公务员行政综合能力的现实需要，是公务员考生能否录取的关键。面试考官在评分中也存在一些非理性表现，了解这些情况对考官提高面试水平大有益处。

一、超越题本有较大的自主评分空间

由于公务员面试题本一般都是论述题、表述题和表演题，没有客观固定的标准答案，有的只是答题参考要点，并且在每一个题本中都说明只要考生答题言之有理、自圆其说、条理清晰、逻辑正确，即使和答题要点不一致也应当正常给分。所以个别面试考官就抓住这一点，片面理解，超越题本，随意评分。

单个考场面试前期，考官精力充沛，对考生作答的内容新鲜感和兴趣程度较高，评分相对仔细，且切合结构化模块程度高。但是随着结构化面试的进行，尤其是在接近午餐前、下午面试工作临近结束等特殊时段内，部分考官会出现对面试考生各个结构项模块评价趋于相近甚至相同情况。我把这种情况称为"简单打分"，通俗地说就是考官不再根据各项要求进行打分，而是对考生有一个整体评分后在各个结构项进行简单填充，给出极其接近甚至完全相同的分数。

我们看表6-1中的2号考官，对甲考生的综合分析能力、解决问题能力、言语表达、求职动机、举止仪表这五个结构项的评分完全一致，均为8.6分。与其他考官的评分横向对比可以发现这个打分并不客观，极有可能是先自己有了一个总体得分8.6分，而后再简单填充了各结构项的分数，这就完全背离了结构化面试评价的设计思路以及初衷，但客观上部分考官就是这么操作的。

从题本题目和答题要点的关系来看，我们要相信出题人的水平和高度，考生要想超越答题要点，另辟蹊径，再答出一个切合题意、言之有理、自圆其说的要点来，虽然不是没有可能，但却是十分的困难，因为这要求公务员考生具有卓越的才智和非凡的思辨能力。大多数考官评分时一般情况是以题本的答题要点为依据，从而保证评分的相对公正性。

表6-1　甲考生结构化评分表

考官序号	综合分析能力	解决实际问题能力	言语表达能力	求职动机等	举止仪表	合计
1	7.5	8	7.8	8	8	
	22.5	22.4	15.6	11.2	6.4	78.1
2	8.6	8.6	8.6	8.6	8.6	
	25.8	24.08	17.2	12.04	6.88	86
3	7	7.2	7.5	7	8	
	21	20.16	15	9.8	6.4	72.36
4	7.5	8	8	8	8	
	22.5	22.4	16	11.2	6.4	78.5
5	8.2	8.1	8.1	7.3	7.4	
	24.6	22.68	16.2	10.22	5.92	79.62
6	8.5	8	8	8	8.5	
	25.5	22.4	16	11.2	6.8	81.9
7	8	8.2	8	8	8.5	
	24	22.96	16	11.2	6.8	80.96

考官序号	评分	考官序号	评分
1	78.1	5	79.62
2	86	6	81.9
3	72.36	7	80.96
4	78.5	7位考官总计分	557.44

去掉最高分	86
去掉最低分	72.36

面试分	79.82
折算综合成绩	31.93

二、评分区间过小导致面试功能缺失

公务员面试主要是考查公务员考生处理实际工作的能力，相对于测试考生知识水平的笔试（行测＋申论）来说，面试就显得更为重要。因为这和公务员的职业能力更加匹配。但是在公务员面试中考官对考生评分时，个别考官在总体把握上谨小慎微，判断好差的能力不强，人为地缩小评分区间，考生面试分数拉不开差距。一般来说，部分考官最差和最优的控制分数上下不过10分左右，自我控制分数在70～80分之间，这样部分考生虽然答题有好有差，但所得分数却相差无几，甚至趋同。这既是对考生的不负责任，也是对国家选拔人才的不负责任，同时也降低甚至失去了面试环节在公务员招考中的重要作用。

三、考官自我价值选择影响评分的公正性

按理说公务员考官在评分时应当客观、公平、公正。但是由于考官个人的价值观、从业经历、个人偏好等不同，在对考生答题好差的判别上就出现了偏差。有的考官自认为个人综合素质高，对考生的答题不以为然，要求过高，考生答题虽然很好，很切合题意、条理很清晰、分析很透彻、语言很流畅，也很难入考官的法眼，不愿给予高分评价。有的考官个人素质原因，分不出考生答题的好坏差别，即使考生知识面狭窄、词不达意、论述空泛、语言没有说服力，也以为考生答题很好，一样给予高分评价。

结构化面试的考官在经历严格的培训后，通常具有较高的评分理性，但有时仍然会有部分考官在打分时出现非理性行为。这通常是由于考生在五个结构项中的某一项体现出特别优秀或者糟糕的特质，从而使得其他单项的分数也受到同样程度的影响。具体以表6-2为例。

乙考生的颜值较高，但面试答题表现不尽如人意。发现1号考官给出的分数中，前四项受举止仪表单项影响，总体得分偏高；而2号考官侧重从综合分析能力、解决实际问题能力进行打分，总体分数就偏低；另外几位考官的打分情况则较好地体现了结构化的性质。

不同考官对考生的特定结构项表现存在较大分歧时，其影响无法在当前打分模式中很好地克服。如某考生答题时方言较重，有考官认为这影响了语言表达能力，给出较低分数，而有的考官以不影响理解为由打出较高分数，这就对评分的合理性造成了严重影响。

当前我们国家公务员面试考官资格证书有效期限为三年，时间跨度较大。考官获得证书后，基本上在三年内不会再接受相关培训，面试评分技能处于停滞状态。而结构化面试却一直在发展变化，这也是部分考官在特定情况下理性缺失的原因之一。

表6-2 乙考生结构化评分表

考官序号	综合分析能力	解决实际问题能力	言语表达能力	求职动机等	举止仪表	合计
1	8	8.5	6	8	8.5	
	24	23.8	12	11.2	6.8	77.8
2	7	6.5	7	7	8	
	21	18.2	14	9.8	6.4	69.4
3	7	7.5	6.5	7	8	
	21	21	13	9.8	6.4	71.2
4	8	8.8	7.5	7.9	8.3	
	24	24.64	15	11.06	6.64	81.34
5	8	8.5	8	8	8.5	
	24	23.8	16	11.2	6.8	81.8
6	8	7.5	7.5	8	8.5	
	24	21	15	11.2	6.8	78
7	8.4	8.3	7	8.4	8.7	
	25.2	23.24	14	11.76	6.96	81.16

考官序号	评分	考官序号	评分
1	77.8	5	81.8
2	69.4	6	78
3	71.2	7	81.16
4	81.34	7位考官总计分	540.7

去掉最高分	81.8
去掉最低分	69.4

面试分	77.90
折算综合成绩	31.16

四、考官现场不注重细节对考生影响较大

就这一点来说，虽然考官本身有一定的责任，但是这与公务员组考时，面试考官分配的工作量过大也不无关系。目前，公务员面试考官的面试工作量，一般情况下一天要面试25～30人，面试时间长达7个小时左右，考官在这么长的时间内连续紧张的工作，注意力不集中，身心疲惫，是可想而知的。

考生张某面试过程中，看到3号考官打了个哈欠，他自己满满的信心一下子就没了。这就要求面试官在面试现场，要注意自己的生理性反应对考生可能带来的负面影响，要以让考生完整地将面试演绎完作为第一要务。

五、考官有趋中趋众甚至趋同评分心理

公务员面试准则要求考官评分时，依据同一个标准对待每一位考生，但是现实情况是，个别考官在给考生评分时，随意变更自己的评分标准，为显示自己的水平高超或者自己不另类，考官趋中、趋众、甚至趋同评分。考官以自己评分和总平均分的差距作为自我评价的标准，认为自己的评分越接近总平均分越好，越显示自己的水平高超，从而失去自我，失去评分准则。

这对公务员考生来说是不公平的，也是考官不负责任的表现，考官评分时应当坚持自己的评分准则，保持准则定力，不受影响不受干扰，坚持评分标准的一贯性、统一性和稳定性，始终如一地对待每一位考生。

六、考官对面试题目研究不深入甚至偏差

公务员考官由于个人岗位、资历、学历、性格、好恶等方面的不同，对题本中考核要素的理解不同，把握不同，再加上个别公务员考官甚至没有认真地审视题本题目，没有真正掌握题本题目的意义与答题要点，所以面对考生答题时，不能公正地把考生答题的好坏差别体现在对考生的评分上。

考生在答题中不建议使用过多的专业术语，过多的绝对化的评议。考官应保持高度的责任感，因为考官的评分既关系到考生的命运，也关系到国家的未来。

七、考官交叉影响产生印象分或情感分

个别公务员考官在评分时原则性不强，把握标准不严，评分自我定力不够，瞻前顾后、交头接耳、犹疑不定，对考生答题的好差把握不准，评分时参考邻座评分，甚至评印象分、情感分等。这些都是不好的现象，是需要考官自觉克服的问题。

首见效应。该效应是指面试官在面试中会对考生的非语言信息产生第一印象，从而对于面试官准确、客观地评价考生产生一定的影响作用，面试官通常会通过考生最初的表现取代整体面试的表现。

晕轮效应。在面试过程中，考生因为某一点而吸引了面试官，从而使面试官忽略了考生的其他素质特征。

顺序效应。指呈现的顺序会影响人们判断的现象。因为考生的面试顺序有先有后，面试官通常会对第一个面试者较为严苛，分数也会相对较低。

对比效应。是指面试官在对后一个考生进行评估时，会受到对前一个考生评价的影响，从而影响评分的科学性和结构化的有效性。

宽容效应。是指有的面试官容易受考生情绪的感染，给考生打出同情分，抑或是因为熟人关系，而碍于情面打出人情分，降低评分标准的现象。

八、考官职业操守的部分缺失

面试考官职业操守是检验面试考官职业行为的重要准则之一，应当体现以下原则：服务原则、法制原则、责任效率原则、清廉原则。面试考官能力的大小及其职业道德水平的高低，决定了其能否正确行使考官权力。面试考官应科学高效地执考。面试考官在一定程度上可以称得上是应试者命运的"掌控者"，正是这一特殊角色所掌握的特殊权力，使其容易成为腐败的高发区，从而严重影响考录工作的公平性和公正性。为了减少面试中可能出现的"潜规则"和"暗箱操作"，必须在政治素质与品德修养方面对面试考官提出更高的要求。面试考官职业操守是一种有效的内在自我约束机制。严格规范面试考官的职业行为，可以促使面试考官廉洁自律，提高工作效率，确保面试公平、公正。针对当前面试考官队伍存在的不足，应采取切实有效的对策措施，制定严格的面试考官选拔办法，加大面试考官培训力度，健全科学的面试考官管理制度，建立完善的面试考官监督机制。这些有助于为规范公务员考试录用面试、提高面试质量奠定理论和实践的基础。

面试考官作为主试者、施测者，《考官指导手册》规定有限，如果考官故意制造紧张气氛和做一些小动作，或给考生一定的暗示、协助等，则测量信度会大大降低。就评分者而言，若评分标准掌握不一，或前紧后松，甚至是随心所欲，则也会降低测量信度。如果考官专业化程度不高，在面试过程中，便会有多种因素影响考官的主观判断，如个人的好恶习惯、表面或虚假的信息、次序产生的对比误差等。特别是在长时间、高强度的评分劳动后，考官容易产生首因效应、光环效应、从众效应等，这些都会使考官的评分偏离客观标准和实际，造成对评分的随机误差不能进行有效控制，最终影响面试结果的信度。反之，如果能将面试可能产生的随机误差控制到最低，面试结果的信度较高，那么面试结果就能够较为客观，最终使得面试的目标性和目的性得以充分体现。

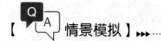

【 **情景模拟** 】▶▶▶ --

面试官：7号考生你好，首先祝贺你通过了2020年××省公务员招考笔试，进入到面试环节。这次的面试答题时间控制在15分钟内，分别是第一道题4分钟，第二道5分钟，第三道题6分钟。每道题考官读完题目后，考生思考后答题，回答完成后，请说"考生答题完毕"，你听清楚了吗？

考生：我听清楚了。

面试官：第一题，对于制度限制自由，你怎么看？

考生：考生开始作答。对于制度限制自由，我认为我们要用辩证的眼光，一分为二地看待。一方面来讲，制度是从外在对我们的行为进行约束，在某种程度上来讲，的确缩小了我们的行为范围。但另一方面来说，在制度约束范围内，我们享有合法权益，不做不合制度的事，我们就是自由的。因此，我并不赞同这个观点。

作为一名政府机关的工作人员，我们首先要做到遵循制度，不合职业道德的事情，我们不做，这是我们的职责，也是我们该守住的底线，这是外部环境对我们的约束。没有制度与监管，我们的工作的执行力就不复存在；没有制度，我们在工作中散漫自由，最后也会危害到我们自身。与其说制度限制自由，制度更多是保障我们能拥有稳定的自由。

我也认为，在自由的基础上，我们要引入自律的概念。制度对我们有约束作用，但道德和更高的自我追求才是引导我们工作的方向。有了自律，制度才不是约束。事物发展也是内因和外因共同作用的结果，有了制度和自律，才能更好地享受自由。考生作答完毕。

面试官：第二题，外来务工人员一直是城市中被忽略的群体，某卫健委准备开展一次针对外来务工人员的健康普查活动，你是卫健委工作人员，领导安排你负责此项工作，你将如何开展？

考生： 作为一名政府基层工作人员，我们在日常工作中，经常会碰到这样的工作任务，这也对我们的计划组织协调能力提出了较高的要求。因此，我会这样计划此次活动。

制定方案前，我会结合领导同事意见确定健康普查具体的项目。就外来务工人员的工作时间以及地点进行调研，确保健康普查不影响外来务工人员的工作生活。调研后，方案内容包括：外来务工人员名单、普查工作人员名单、相关医院的联系、普查问卷、接送务工人员的车辆、预算方案等。方案报领导审批通过后，方可实行。普查过程中，我们要注意人员分工，以及与外来务工人员的沟通。联络好第三方服务公司，做到车接车送。同时可以与医院方商量开通绿色服务通道，专时专门为外来务工人员进行体检，提高体检服务的质量与效率，不影响务工人员的时间安排。

健康普查活动结束后，我会将数据综合整理，归纳分析后做成书面报告，提交给我的领导，然后做好文件归档和经费报销等后续工作。同时我们可以通过传统媒体与新媒体，宣传此次针对外来务工人员的健康普查的重大意义，这也有利于提升政府的形象。最后，我会将此次活动做成 SOP 标准流程，形成不依赖于任何人的普查体系，让人人都可以成为"九段秘书"。考生作答完毕。

面试官： 第三题，小胡在办公室工作，周一上午上班得知有以下几件事需要处理，如果你是小胡，你怎么安排：

A.市政府办公室通知今天上午下班前要交一份材料，并告诉你这份材料非常重要。

B.单位实行轮班制，刚好你今天要在单位窗口值班一天。

C.通知单位相关人员周二上午开会。

D.办公室主任让你帮他写一份下午开会用的材料。

E.李副局长电脑坏了需要维修。

考生： 考生开始答题。假如我是小胡，作为一名政府机关工作人员，在日常的工作生活当中，我们难免会碰到非常多时间管理冲突问题，这也对我们的时间管理能力提出了很高的要求。

根据时间管理四象限理论，我们工作生活中碰到的事情，按照重要不重要，紧急不紧急两个维度可以分为四个象限。重要又紧急的事情马上做；重要不紧急的事合理安排提前做，防止它转化为重要又紧急的事情；紧急不重要的事可做可不做，或授权他人去做；不重要又不紧急的事，我们要学会说"不"。

根据二八原则，作为一名政府机关的公务人员，我们时间有限，公务繁杂，我们要遵循著名的二八原则，即把 80% 的时间放在 20% 的重要事务上。

因此，对于市政府通知提交的材料，我会立刻通知有关部门准备这份重要材料，并告知同事我因为工作原因需要处理别的事情，委托同事一定在上午下班前交到市政府办公室。而对于我今天的值班，我还有更重要的工作，我会与同事商量换班事宜，做好值班交接工作。而对于通知单位相关人员开会，这件事情重要但不紧急，我会下午再抽空通知，确保每位同事得知明天开会的消息。而对于办公室主任让我帮忙写一份下午开会用的材料，这件事情是重要又紧急的，我会将此作为我上午工作的重点，依据二八原则，将上午 80% 的时间用在写好材料的工作上。而副局长电脑维修工作，我会委托第三方服务公司，及时维修，并嘱咐做好保密工作。

在日常工作中，我们公务繁杂，人人有事做，事事有人做。因此我们要提升工作效率，提高工作质量，做到质效并重，考生作答完毕。

面试官：考生可以离场，等待下一位考生面试完成后再进考场听你的面试成绩。

考生：谢谢。（离场）

第七章

完成面试评估

导言

　　面试评估是决定应聘者是否录用的依据，应以选才标准及面试评估表为依据，实事求是地进行决策，要少一些主观决策，尤其不能任人唯亲。

了解面试评估

面试评估，即面试官根据面试情况对应聘人的素质和能力做出判断，写出评估意见。面试评估作为面试决定前面的一环非常重要，将直接形成最终的面试决定，如无意外继而形成录用结果。

一、面试评估的要素

面试评估的要素如图7-1所示。

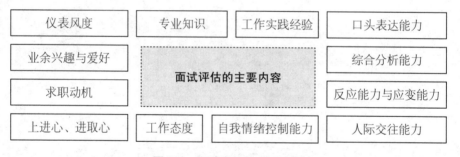

仪表风度	专业知识	工作实践经验	口头表达能力
业余兴趣与爱好	**面试评估的主要内容**		综合分析能力
求职动机			反应能力与应变能力
上进心、进取心	工作态度	自我情绪控制能力	人际交往能力

图7-1 面试评估的主要内容

1.仪表风度

这是指应试者的体型、外貌、气色、衣着举止、精神状态等。研究表明，仪表端庄、衣着整洁、举止文明的人，一般做事有规律、注意自我约束、责任心强。

2.专业知识

了解应试者掌握专业知识的深度和广度，其专业知识是否符合所要录用职位的要求，作为对专业知识笔试的补充。面试对专业知识的考查更具灵活性和深度，所提问题也更接近空缺岗位对专业知识的需求。

3.工作实践经验

一般根据查阅应试者的个人简历或求职登记表的结果，进行相关提问，查询应试者有关背景及过去工作的情况，以补充、证实其所具有的实践经验。通过工作经历与实践经验的了解，还可以考查应试者的责任感、主动性、思维能力、口头表达能力及遇事的理智状况等。

4.口头表达能力

口头表达能力指面试中应试者是否能够将自己的思想、观点、意见或建议顺畅地用语言表达出来。考查的具体内容包括表达的逻辑性、准确性、感染力、音质、音色、音量、音调等。

5.综合分析能力

面试中，应试者是否能对主考官所提出的问题通过分析抓住本质，并且说理透彻，分析全面，条理清晰。

6.反应能力与应变能力

这主要看应试者对主考官所提的问题理解是否准确贴切，回答的迅速性、准确性等；对于突发问题的反应是否机智敏捷、回答恰当；对于意外事情的处理是否得当、妥当等。

7.人际交往能力

在面试中，通过询问应试者经常参与哪些社团活动，喜欢同哪种类型的人打交道，在各种社交场合所扮演的角色，可以了解应试者的人际交往倾向和与人相处的技巧。

8.自我情绪控制能力

自我情绪控制能力对于国家公务员及许多其他类型的工作人员（如企业的管理人员）显得尤为重要。一方面，在遇到上级批评指责、工作有压力或是个人利益受到冲击时，能够克制、容忍、理智地对待，不致因情绪波动而影响工作；另一方面工作要有耐心和韧劲。

9.工作态度

一是了解应试者对过去学习、工作的态度；二是了解其对现报考职位的态度。在过去学习或工作中态度不认真，做什么、做好做坏都无所谓的人，在新的工作岗位也很难勤勤恳恳、认真负责。

10.上进心、进取心

上进心、进取心强烈的人，一般都确立有事业上的奋斗目标，并为之而积极努力，表现在努力把现有工作做好，且不安于现状，工作中常有创新。上进心、进取心不强的人，一般都是安于现状，无所事事，不求有功，但求能敷衍了事，因此对什么事都不热心。

11.求职动机

了解应试者为何希望来本单位工作，对哪类工作最感兴趣，在工作中追求什么，以此判断本单位所能提供的职位或工作条件等能否满足其工作要求和期望。

12.业余兴趣与爱好

应试者休闲时间爱从事哪些运动，喜欢阅读哪些书籍以及喜欢什么样的电视节目，有什么样的嗜好等。根据这些可以了解一个人的兴趣与爱好，这对录用后的工作安排非常有好处。

经典案例

巧设陷阱考查求职者的应变能力

某电视台招聘记者，小郑前去应聘。面试中，面试考官指出："你说你爱好写作，可是我看了你填的报考表，在'自我评价'栏中居然出现了三处语法错误，现在既没有多余的表格，也不准涂改，你怎么办？"小郑听罢吃了一惊，心想填表时自己是字斟句酌的，怎么会有三处错误呢？但时间不允许他多想，他当机立断，回答说："为了弥补失误，我可以在表后附一张更正说明，上面写上：'某某地方出现了三处语法错误，实属填表人的粗心，特此更正，并向各位致歉。'不过……"他停顿一下说："在发出这份更正说明之前，我想知道是哪些错误，因为不能无的放矢，错误地发出一份更正说明，我不愿意再犯这种错误。"

【点评】

小郑的机智应对令面试考官们笑了。其实他的报考表并没有错误，这不过是面试考官设的一个圈套，用以考查他的自信心和反应能力。从表达角度看，他的得分主要在于后半部的补充说明。这一段内容的表达十分完整，滴水不漏，印证了他机敏全面、认真仔细、一丝不苟的性格，赢得了好评。

二、面试评估的原则

面试官在面试评估过程中应坚持图7-2所示的几项原则。

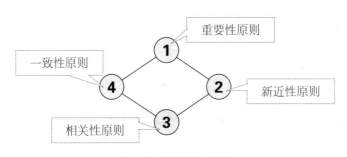

图7-2　面试评估原则

1.重要性原则

面试官在面试过程中会得到重要性各不相同的实例，应该选择重要的实例作为评估的对象。

比如，应聘者可能会提供一个很好的实例来解释说明他/她在分析思维方面的能力。但是，这个实例是基于一种并不重要的情景之中的。如果应聘者给出另一个在一个关键时刻发生的实例，面试官对这个应聘者的评分就应该以第二个更重要的实例为基础。

2.新近性原则

新近性原则是指用最近的行为最能说明将来的行为。

比如，一个应聘者给出几个十年前的消极行为实例，然而又为说明同样的能力提供了若干最新的积极的行为实例，那么，面试官应该在评分时更偏向于最新的实例。即面试官的评分应该更多地以最新的实例为基础。

3.相关性原则

相关性原则是指与应聘岗位相关的实例更加能说明将来的工作能力。

比如，如果一个应聘推销职位的人详细描述了在一次社会活动中的杰出创造性，但又提供了他以前的销售工作中创造性很差的例子。这时面试官就要多考虑以前那个与销售有关的例子。因为应聘者在销售工作中的行为表现与现在他应聘的职位关系更密切。

4.一致性原则

一致性原则是指应聘者所给出的实例是否前后一致，这能说明实例的真实性。

第二节
强化评估效果

为强化面试评估效果，面试官可以采取多种措施，通过面试流程的细节设计，来加强评估效果。

一、实行分工明确的垂直化面试

作为面试官要弄清楚，面试到底"面"什么。一般来说，面试主要解决以下三个问题：

（1）求职者入职后是否能胜任岗位/在职要求。

（2）求职者是否能长时间地胜任岗位/职位要求。

（3）求职者能否长期稳定地留在公司。

这三个方面，HR和用人部门要如何分工呢？常规来说，用人部门主要解决判断求职者是否具备胜任完成岗位/组织KPI的知识/技能/经验等，HR主要评估求职者履历的真实性、求职者和组织的匹配度以及求职者潜在的离职风险。大家分工明确，各司其职，以便更加全面地评估求职者，保证面试评估的准确性和公平性，让面试针对性更强，更"垂直化"。

二、设计差异化的面试评估表

一张面试评估表记录了面试的全过程。在有限的时间内，快速做好对面试者的判断，是十分重要的，因此设计合理实用的面试评估表显得尤其重要。

设计面试评估表，一般要做好图7-3所示的工作。

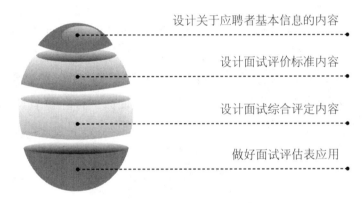

设计关于应聘者基本信息的内容

设计面试评价标准内容

设计面试综合评定内容

做好面试评估表应用

图 7-3　设计面试评估表要做的工作

1.设计关于应聘者基本信息的内容

应聘者基本信息主要包括应聘者姓名、应聘职位、期望薪资以及面试日期等内容。这些内容都是面试评估时的基础依据，填写期望薪资的内容主要是为面试官提供面谈基础，对薪酬备案做一个补充，避免面试者进入复试或终试后"坐地起价"。

2.设计面试评价标准内容

面试评价标准主要包括评估维度、参考标准和分数等级。

（1）评估维度的主要内容包括综合能力、综合素质以及职位匹配度，具体如图7-4所示。

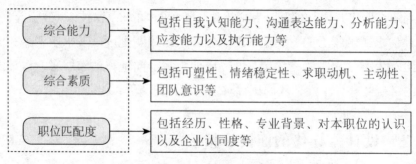

图 7-4　评估维度的内容

（2）制定参考标准，应先结合公司战略、岗位需求和公司文化进行综合分析，然后提炼出各种评估维度的量化指标，最后，根据这些量化指标制定出参考标准。

（3）分数等级一般比较常见的是五分制和十分制，也有百分制。

另外，在设计面试评价标准时，还可以运用一些小技巧，使面试评分表更合理，更具备操作性。首先，为使面试评价标准的内容简单易懂，可以采用一些通俗易懂的语言精练准确地描述内容，使面试官能即学即用。其次，为使考核面试者的维度便于操作，应合理拆分维度，并且拆分的条条框框不应太细。最后，在设计面试评价参考标准时，应尽量采用通用的态度和通用的能力作为标准，避免产生唯一标准答案以及不能客观合理地考查面试者的现象。

3.设计面试综合评定内容

面试综合评定包括HR部门意见，用人部门意见和公司领导意见，具体如图7-5所示。

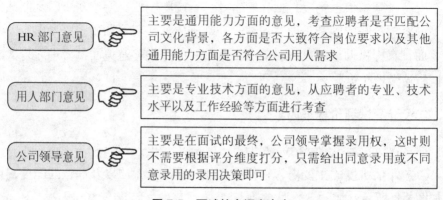

图 7-5　面试综合评定内容

> **小提示**
>
> 为了使面试评估表的设计更科学合理，应在一张表格上体现面试综合评定内容，并且内容设计的顺序排列应符合招聘流程，这样可以使表格设计一目了然，便于操作。

4.做好面试评估表应用

应用面试评估表时，应将面试评估表与其他表格配套使用（如应聘者登记表、面试提纲、求职简历等），依据具体情况使用，并注意评估表记录栏的填写。

下面提供几份面试评估表的范本，仅供参考。

实战范本

面试评估表（1）

被面试人姓名			面试日期			
性别		年龄			学历	
应聘岗位		户籍地（省份）			专业	

考核内容	很好	好	较好	一般	不满意
1.与他人合作态度					
2.工作经验					
3.工作技术水平					
4.学历及培训					
5.沟通技巧					
6.语言表达能力					
7.领导能力（只适用管理人员）					
8.其他工作技术					

人力资源部意见：

是否进入下一轮面试：是□　否□　　　　　面试人：　　　　　日期：

续表

用人部门意见：
是否录用：是□ 否□　　　　　面试人：　　　　日期：
建议职位：＿＿＿＿＿＿＿＿，试用期薪资：＿＿＿＿＿＿

实战范本

面试评估表（2）

应聘者		应聘岗位			面试官		日期	

	评估项目	优	良	中	差	劣	初始简评或建议
		10	8	6	4	2	
1	服装仪容及精神风貌						
2	语言表达及沟通						
3	应聘岗位专业化程度						
4	兴趣与岗位配合度						
5	工作经验有效度						
6	反应能力（可塑性）						
7	合作协调能力						
8	领导能力						
9	工作忠诚（稳定性）						
10	个人发展与企业发展的相容性						
合计得分							
复试过程：							
评价人：　　　　　　　日期：							

续表

笔试情况	测试项目	
	测试结果及分析	

用人部门建议： 录用（　），储备（　），弃用（　）。 职级及薪资建议： 建议人：	分管副总建议： 录用（　），储备（　），弃用（　）。 职级及薪资建议： 建议人：
人力资源部建议： 录用（　），储备（　），弃用（　）。 职级及薪资建议： 建议人：	总经理意见： 录用（　），储备（　），弃用（　）。 职级及薪资意见： 签名：
董事长意见： 录用（　），储备（　），弃用（　）。 职级及薪资意见： 签名：	
人力资源部门核定相关信息： 核定岗位：　　　中心：　　　部门：　　　岗位：　　　报到日期： 薪水：　　　核定职级：	

实战范本

面试评估表（3）

姓名		应聘岗位			
类别		综合素质能力			
面试评分要素	分值	评分要点	评分等级			评分
			好	中	差	
仪态举止	5	仪表端庄自然，服饰得体大方、举止稳重朴实，精神面貌良好	4～5	2～3	0～1	

续表

面试评分要素	分值	评分要点	评分等级			评分
			好	中	差	
沟通表达能力	10	言语是否清晰、标准，表达是否准确、流畅，以及具有条理性、感染力与说服力	8～10	5～7	1～4	
诚实和忠诚度	10	对企业或个人真实无欺、遵守承诺，并且愿意为企业的发展贡献自己的力量	8～10	5～7	1～4	
逻辑思维能力	10	思维的敏捷性、条理性与广度、深度；逻辑性和严密性；判断分析问题是否全面、准确、辩证、深刻，有理有据	8～10	5～7	1～4	
协调与应变能力	10	反应的机敏程度；人际沟通、合作的意识、能力与技巧；面对压力的心理承受力和自制力	8～10	5～7	1～4	
专业素养	20	对专业理论及相关知识的了解、掌握程度，专业素养的高低	15～20	9～14	1～8	
解决实际问题的能力	25	能否理论联系实际；分析、处理问题的原则性、灵活性、有效性；适应岗位需求的实际工作能力与业务能力	20～25	14～18	1～12	
研究与发展潜力	10	个人对本专业发展前瞻性认识和创造能力、研究能力、完成能力；有无新观点、新思路、新办法	8～10	5～7	1～4	
合计	100	总分：				

考评者意见：

签名：　　　　　　日期：

最终决定：□复试　□拒绝　□录用　□考虑　□存档留用

三、挖掘候选人的真实诉求

面试时，常规来说我们会将评估重心放在"技能评估"上，这当然无可厚非，毕竟这决定着求职者入职后能否胜任工作。但很大程度上，我们可能会忽略了求职者的"真实诉求"，即求职者价值观和本公司是否匹配、求职者的需求公司是否能够满足（如薪资待遇、晋升通道等）、求职者是否能适应团队/组织氛围，而这些决定了"求职者是否能长久地和组织一起发展"的问题，不容忽视。

1.了解求职者的求职动机

面试时，面试官向求职者了解每一份工作的离职原因，其实更多是希望通过了解其职业轨迹的选择逻辑，去探求其"需求层次"，求职者是更看重生存，还是看重发展，或者看重稳定。以此来判断求职者是否能在本公司长久、稳定地发展。

当然，在实际面试操作中，问"离职原因"只是挖掘其求职动机的其中一个方法而已，我们还可以通过了解其对公司的要求来综合判断，比如他希望新的工作能给他带来什么。

比如，更高的薪资、职位的调整、更有挑战的工作内容、减少加班强度等。

2.了解求职者的价值观

价值观是基于人的一定的思维感官之上而做出的认知、理解、判断或抉择，也就是人认定事物、辨定是非的一种思维或取向，从而体现出人、事、物一定的价值或作用。

（1）价值观具有图7-6所示的特点。

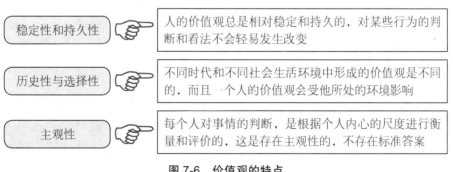

稳定性和持久性	人的价值观总是相对稳定和持久的，对某些行为的判断和看法不会轻易发生改变
历史性与选择性	不同时代和不同社会生活环境中形成的价值观是不同的，而且一个人的价值观会受他所处的环境影响
主观性	每个人对事情的判断，是根据个人内心的尺度进行衡量和评价的，这是存在主观性的，不存在标准答案

图7-6　价值观的特点

（2）正确判断求职者价值观的重要性。首先，价值观会影响一个人的行为，而且倾向比较难改变。价值观其实可以说是一个人对判断或选择的思维倾向，人会受这种思想倾向的影响，从而选择对应的行为。

比如：一个人认为吃喝玩乐比事业重要，那么他可能更注重当下的享乐；那如果一个人更加注重个人的成就而非集体，那么在面对个人与集体的冲突时，可能他会先考虑个人。

正是因为价值观会影响一个人的行为，所以要学会更好地判断应聘者的价值观。

其次，个人价值观和企业文化如果不符，那么员工离职是可预见的。

比如，某公司一直强调员工要努力奋斗，那么在面试中，如果员工是想找比较安逸的工作，那么员工就和这家公司的奋斗文化不太匹配。

最后，如果价值观不符，新员工的离职概率也会比较高。招聘一个人进来，成本是比较高的，包括工资、五险一金、招聘费用和培训费用等。另外，错误的招聘录用，可能会让公司错失更好的招聘时机。

综上所述，面试中面试官要着重去判断应聘者的价值观是否和本企业文化符合。

> **小提示**
>
> 在询问时，面试官要注意判断求职者价值取向的真伪，防止"面霸"蒙混过关；同时，关注点应该在求职者的想法，不对求职者的描述做任何评价，应引导求职者说出真实的感知。

 相关链接

面试时如何了解求职者的价值观

价值观会投射在生活的"弱情景"中。以下六类问题，可有效帮助面试官了解求职者的价值观。

第一类问题：请分享一下你成长经历中印象最深刻的两个场景？

这个问题同样可以被描述为：分享你成长经历中印象最深刻的两个片段。这个问题实际是对求职者的关键人生经历进行抽样，看看是什么经历塑造了现在的这个人，同时，也看看这个人内心最看重的方面会是什么。该问题没有标准答案。

第二类问题：分享一个你坚持的某种信念（或价值观念）被挑战的一次经历？

相对于第一类问题，这类问题会更直接一些，但同样没有对错之分。面试官不应去判定对错，而是看求职者如何解读自己秉持的价值观念，在面对价值理念冲击时自己内心的感受和采取的行动，以及对自己采取行动的解读。

第三类问题：假设情景二选一问题。

假设目前行业中存在两种市场品牌建立的方式：一种是以比当前服务能够达成效果更夸张（不虚假）的方式去宣传；另一种方式是能做到的就做，做不到的也实实在在地告知客户，有一说一。目前大部分企业都采取第一种方式，没有任何法律风险，同时业绩很好。坚持第二种方式的企业现在貌似市场、品牌都不如其他企业有影响力。那么，如果你是我们服务方案的市场策划主管，你会采取怎样的方式？这是一个假设情景问题，情景主干可以缩略为：做社会道德不太赞许的A价值观行为，商业结果相对较好；而做社会道德赞许的B价值观行为，商业结果相对不好，你会怎么看。这里A、B两种都是组织所在行业领域的常见行为，可以根据不同的组织文化来替换。重点是考查个人采取行动后对此所作的解释。

第四类问题：讲讲你曾经应对过的最难打交道的人，并举例说明最不容易沟通的经历。

人际冲突领域的研究表明，最难处理的人际冲突来源于价值观念的冲突。因此，这个问题后面需要继续让求职者分析冲突来源的深层次原因是什么，从而了解求职者秉持的价值观念是什么。

第五类问题：描绘一个你难以忍受的工作和生活环境。

反过来也可以问最舒适的环境。问问为什么很重要，因为可以了解个人的底线，并可以让求职者结合自己成长经历来分析一下，进入到第一类问题。

第六类问题：你曾经兑现承诺时遇到困难的情况。

这种提问了解的是个人价值观念和行动发生冲突的情景，也最容易映射个人的价值偏好。

这里列出的六类问题，在应用过程中需要结合实际情况优化和完善。在针对个人价值观进行人才甄选时，面试官还可以配合投射问卷进行面试。

四、通过背景调查还原信息

背景调查是指通过从外部求职者提供的证明人或以前工作的单位那里搜集到的资料，来核实求职者的个人资料的行为，是一种能直接证明求职者情况的有效方法。

1.背景调查的目的

通过背景调查，可以证实求职者的教育和工作经历、个人品质、交往能力、工作能力等信息。简而言之，背景调查就是用人单位通过第三者对应聘者提供的入职条件和胜任能力等相关信息进行核实验证的方法。这里的第三者主要指应聘者原来的雇主、同事以及其他了解应聘者的人员，或是能够验证应聘者提供资料准确性的机构和个人。

小提示

由于背景调查技术的成本较高，操作难度较大，企业一般在确定了目标职位的候选人之后才使用。

2.背景调查的时机

一般针对复试通过者进行背景调查，这样工作量相对少一些，但对于高层管理岗位最好在初试通过时就进行背景调查，这样可以为复试提供有力的支持。背景调查时间最好安排在面试结束与上岗前的中间时段。对在职应聘人员进行背景调查时应注意保密，以免对应聘人员造成影响。

3.背景调查的对象

公司所有拟录用的管理人员都应进行背景调查，但根据岗位不同，背景调查应有所侧重，重点是管人、管财、管物的关键岗位和中、高层管理人员。

4.背景调查的流程

背景调查的流程如图7-7所示。

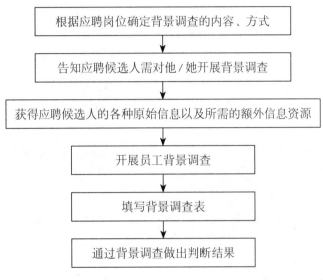

图 7-7　背景调查的流程

5.背景调查的方式

一般管理岗位的背景调查方式如表7-1所示。

表7-1　一般管理岗位的背景调查方式

序号	调查方式	适用范围
1	电话核查	适用于所有管理人员，可以用于核实学历证件、工作经历等。获取电话号码的途径概括如下： （1）应聘者在职位申请表上提供的联系人电话 （2）通过114查询应聘者原公司部门或人事部的电话号码 （3）通过应聘者原公司网站或各大招聘网站来获取应聘者原公司部门或人事部的电话号码 （4）直接询问应聘者本人

序号	调查方式	适用范围
2	实地调查	主要针对应聘高层管理岗位，适用于应聘者已与原单位解除劳动合同且为同城或异地近距离的应聘者
3	网上查询	适用于查找求职者原单位信息和学历证明；中国高等教育学生信息网，可用于查验2001年后毕业生的毕业/学位证

因高层管理人员岗位特殊，如发生问题，将会给公司造成重大损失和不良影响。因此，对他们的背景调查较之一般管理人员应有更高的标准和要求。故除了通用一般员工的背景调查方式方法外，还要注意以下几点。

（1）对中高层管理人员的背景调查，从任职经历上，一般应不少于3个近的任职单位；从时间跨度上，5年以内从事的岗位都应列入背景调查的范围。

（2）为确保背景调查情况的真实性和可信度，应找应聘者原所在单位的主要领导和人事部门负责人进行取证。

（3）背景调查中，发现有疑问之处，必须弄清事实真相，不留疑点；如电话背景调查不清，要根据问题的性质，申请派人上门进行调查核实。

（4）做好全面的专业背景调查：指的就是一个全方位、立体化的背景调查。

比如一个销售总监，我们调查的时候，调查的范围会涉及其上司、下属、平级同事、客户、公司老总、人力资源部几个跟销售总监接触比较多的人或部门。这样，就保证了调查这个销售总监的全面性。如果大家对他们的评价都比较一致，那背景调查得到的内容也就基本可信。

6.背景调查的内容

背景调查内容应以简明、实用为原则，内容简明是为了控制背景调查的工作量，降低调查成本，缩短调查时间。一般调查的内容分为两类：一是通用项目，如毕业证书的真实性、任职资格证书的有效性；二是工作经验、技能和业绩方面的真实性。管理岗位背景调查具体涵盖内容如下：

（1）学历证/学位证；

（2）在原单位工作时间；

（3）在原单位任职是否属实；

（4）工作业绩；

（5）人品如何；

（6）与原同事相处关系；

（7）有什么优缺点；

（8）薪资水平；

（9）辞职原因及时间；

（10）劳动关系是否解除。

　　背景调查完成后，要统一填写背景调查表，报领导审查，确定最终是否录用，并作为员工的历史资料，由人事部门专人负责入档。表的填写应注意：表格填写要完整、准确，不得漏项，记录在调查过程中了解到的一切信息；填写调查结果，应涵盖调查的内容；应显示背景调查信息提供者的职务，以便对其提供情况的可信度做出判断。

　　下面提供一份背景调查表的范本，仅供参考。

实战范本

背景调查表

应聘者姓名			应聘岗位			面试时间	
调查单位1							
提供信息人1	与被调查者关系			□上级　□下级　□平级　□其他_____			
	姓名		所在部门		所在职位		联系方式
被调查者信息	任职时间				任职岗位		
被调查者信息	工作评价				有无不良记录或纠纷		
					薪资水平		
	离职原因	□公司辞退（原因：　）			□个人辞职（原因：　）		
调查单位2							

续表

	与被调查者关系		□上级	□下级	□平级	□其他_____		
提供信息人2	姓名		所在部门		所在职位		联系方式	
被调查者信息	任职时间				任职岗位			
	工作评价				有无不良记录或纠纷			
					薪资水平			
	离职原因	□公司辞退（原因：）			□个人辞职（原因：）			
调查单位3								
提供信息人3	与被调查者关系		□上级	□下级	□平级	□其他_____		
	姓名		所在部门		所在职位		联系方式	
被调查者信息	任职时间				任职岗位			
	工作评价				有无不良记录或纠纷			
					薪资水平			
	离职原因	□公司辞退（原因：）			□个人辞职（原因：）			
调查小结								
调查结果	□属实　□不属实							
调查日期			调查部门			调查人		

7. 背景调查的注意事项

（1）针对高层管理岗位需要上门背景调查的，最好和被调查者事先签订一份背景调查授权书，既表示了对被调查人的尊重，也可以作为说服被咨询对象接受询问的有力授权证明。

（2）熟悉被调查人相关的背景资料，找好背景调查的切入点。

（3）根据被调查人应聘的岗位和公司对该岗位的用人要求，确定背景调查的重点内容，按照背景调查表上的各项，逐步调查并做好记录。

（4）以其他名义进行电话背景调查时，为防止对方回拨查证，最好使用手机号码。

（5）采取何种方式进行调查，应视实际情况而定，灵活运用，不必拘泥于一种形式。

（6）操作规范须落实到相关责任人，责任人学习后方能进行背景调查。

（7）调查时，无论调查对象是否离职，尽量不能透露其真实身份。

（8）对仍在职人员进行背景调查时，应注意为求职者保密，调查时须格外慎重。

五、通过答疑了解求职者关注的重点

面试结束前，面试官可以直接告知求知者，能询问三个比较关注的问题，这样求职者在提出问题时一定会经过思考，提出自己最关心的三个问题点。可以就这三点，对双方的契合度进行评估，以便判断公司是否能提供这样的机会。

 相关链接 〈

影响面试评估效果的因素

由于面试带有很大的主观色彩，因此在实施过程中，会有一些人为的因素影响对面试结果的评估，这主要表现在以下几个方面。

1.个人偏好

不少面试官心中都有一个理想的应聘者形象，或称为典型。他们可能会主观地认为应聘者必定要高大威猛，美貌兼具智慧，或出口成章。那么，当他们遇见一名高大的应聘者时，面试官便可能会在有意无意之间从应聘者身上发掘证明其威猛的证据。有些面试官心中的典型是十分具体的，他会在招聘面试过程中，将注意力放在一些他以为应与工作表现或能力有关的细节上，而不能客观地评价一名应聘者的工作能力。

2. 闲谈过多

有些面试官喜欢在面试时与应聘者谈一些与工作无关的内容，如业余嗜好、管教子女的方法、时事分析等。除非应聘者将来的工作与这些内容有关，否则面试官是在浪费时间。尤其是那些经验较浅的面试官，他会因闲谈太多而令面试失去方向，让应聘者有机会天南地北胡扯一番，甚至反客为主地主导着面试，向应聘者喜欢的方向发展下去。面试结束时，能够与面试官谈得投机的人占尽优势，而谈话缺乏趣味性的人便被比下去。其实，若面试官希望知道应聘者在工作以外的生活情况，他应该利用面试前的时间，仔细地阅读应聘者填写的个人资料表，而非在面试过程中去了解。

3. 以貌取人

应聘者都有不同的个人特征，有些面试官虽然口头不说，却不自觉地以貌取人。这种做法有个大问题，若招聘面试由几名面试官共同参与，他们对个人特征的喜恶便可能会出现分歧，要依据客观标准来评判个人特征是一件十分困难的事。不但如此，若该特征（如面貌、体态）与工作表现其实无多大关联时，面试官却凭直觉来挑选，自然不会找到合适的员工。有些工作也许需要应聘者拥有一些特定的个人特征，如身高和体重，这些条件通常会设定一个范围，让面试官在初步筛选时就将不符合者排除，因此到了面试阶段，面试官不该再将注意力放在这些项目上。

4. 以性别印象来做决定

面试官挑选应聘者时，除了考虑个人能力、性格、经历等因素外，他们还会倾向于凭个人对工作岗位的印象来做决定。若面试官觉得他公司中的秘书多数为男性，他可能会因而产生一个印象，认为男性较适合该公司的秘书职位。这种个人主观的理解并不一定来自价值观，主要是面试官通过观察而得来的结论，这便形成了一种性别歧视。面试考官对工作岗位的性别印象，是一个令面试官不能在面试时客观地评价应聘者的因素。因此，不少人认为男性更能胜任推销工作，女性更适合做秘书，主要因为面试官在挑选人才时，早已有先入为主的印象，不大愿意招聘与其性别印象不符的应聘者，他们（她们）自然难有表现机会。

5.随意评分难分高下

由于并非经常进行招聘面试，因此少有面试官做面试前的准备，他们可能在面试中较为随意地发问，没有什么计划及组织性。调查发现，没有面试计划的面试官对应聘者的评分会偏高，评分的分布较窄，准确性也因此变得不可靠。然而，若面试官使用已拟好的标准来进行面试，他对应聘者的评分便会分散，因而较能区分适合与不适合的应聘者。他们给的分数，往往比没有面试计划的面试官的评分更严谨。评分的狭窄分布造成一个问题，就是难以将应聘者筛选出来，面试官因而要反复思量及面试，浪费了工作时间，也未必能挑选出合适人选。

第三节
撰写面试评语

写面试评语是面试的必要流程，面试评语写得是否认真、恰当，也是面试官个人综合素质的一种体现。面试评语写得过于简单和宽泛，会显得既缺少对面试工作的重视，同时也缺乏对应聘人员的尊重。

一、写面试评语的好处

（1）复试时提供依据：在复试过程中利于把控重点。
（2）便于未来存档，特别是人事档案归档入库。

二、写面试评语的要求

（1）面试评语要围绕应聘岗位基本要求进行；

（2）面试评语语言尽量精炼、表达意思准确客观，不能因为应聘人员看不到就敷衍了事；

（3）面试评语是对应聘者在面试期间的综合表现，进行一个全方位评价，优缺点都需要进行客观点评；

（4）清楚表明是否录用，避免模棱两可。

小提示

在写面试评语时，应该尽量不要评价应聘者的个人隐私和生活方式等，一是因为应聘者的私人情况很难通过此次面试接触就评价得准确；二是因为工作和生活本身是两个不同的概念。

三、面试评语的要素

面试评语一般包括以下要素。

1.基本信息

（1）时间观念。求职者到达面试现场，与预约时间的差异。比预约面试时间提前5～20分钟到的求职者，比较理想。这类求职者有一定的时间观念，会把握时间。这样的求职者，一般有较强的自律性，能够遵守公司的相关考勤制度。

面试迟到30分钟之内的，不论是什么原因，结果就是已经迟到了。灵活的求职者，会提前打电话告知，说明目前在什么位置，离公司还有多远，大概什么时间会赶到面试地点，会感到抱歉。

（2）面貌着装。求职者的衣冠着装，是整洁干净，还是随意邋遢；求职者的精神面貌是精力充沛，还是萎靡不振；说话语气是否连贯。

（3）其他。包括求职者的籍贯、年龄、毕业院校、在当地的工作生活情况等。了解求职者是刚来此地找工作，还是已经有几年的工作经验；是否有固定的住房；是否成家，是否有小孩，家中是否有老人帮忙照顾小孩。

2.工作能力

（1）工作经验。求职者的实际工作情况是否与简历中工作经验的表述一致。原工作岗位的主要工作难点是什么，经历过哪些重要的技术事件，是如何解决这些难题的。原工作经验与现工作岗位的衔接性，是否具备现工作岗位的主要工作技能。

（2）学习能力。对于现工作岗位欠缺的技能是什么，求职者是否可以通过学习进行提升。求职者的学习领悟能力如何，过去的学习阅读习惯如何，通过自身学习掌握了哪些新的技能。

（3）沟通技巧。与求职者之间的沟通，进行是否正常；求职者的沟通能力如何，是否能正确理解面试官的问题，是否在回避问题，还是在张冠李戴；与求职者之间的互动情况如何；求职者的说服能力如何。

（4）团队配合方面。在过去的工作中，是否有帮忙过其他的同事解决不属于自己工作的问题，为什么要这样做，帮忙意义在哪里。

（5）情绪控制与克服困难的能力。求职者的情绪控制能力如何，面对工作困难和部门领导的不理解，如何调整化解。在过去的工作中解决过的工作难题有哪些，通过什么方法渠道进行解决。

3.职业目标

（1）性格兴趣。求职者的性格特点，与其表述是否一致。求职者的爱好兴趣是什么，与职业目标之间的联系。

（2）职业规划。求职者是否有职业的规划，为什么有这样规划，是否有一定的思路，逐步实现其职业的规划。这个职业规划与招聘岗位的需要是否一致，求职者通过努力是否可以得到满足。

4.离职原因

（1）离职原因。求职者在上一单位的离职原因是什么，公司现招聘工作岗位的情况，是否会出现与原离职原因类似的情况，以防止同样的事情上演。

（2）选择工作岗位的因素。求职者选择工作的因素有哪些，是职业发展，还是工作环境、学习培训、职位提升、照顾家庭方便等。

5.薪资要求

求职者对于薪资的具体要求，是否可以得到满足。

四、面试评语的一般写法

面试评语应当规范，信息表达要准确完整，为达到这个目的，应当注意以下几点。

1.内容上

面试评语的主要内容来自应聘者在面试过程中的表现以及个人简历中描述的信息。比如教育背景、工作经历、专业技能（知识）、职业资格、语言表达、沟通交流能力、性格、礼仪（着装、礼节、礼貌用语、气质）等。

2.语言上

面试评语的语言必须简练，言简意赅，要准确到位，不要长篇大论、含糊不清。

3.结论上

面试评语最后要有评价结论，面试官要表明自己对应聘者的态度，并将自己的结论写清楚，意思表明确，以便为复试或者录用提供参考依据。

评价结论根据面试官的不同可以分为用人部门的面试评价结论（如：满意，希望确保录用；基本满意，可作为备选；不满意，回绝）、人事部门的面试评价结论（如：符合招聘要求，推荐进入复试；基本符合招聘要求，有待复试进一步确认；不符合招聘要求）、上级领导的面试评价结论（如：同意，批准录用；基本同意，存疑查清后再定；不同意录用）。

比如，××公司HR招聘中遇到了一位应聘总经理助理的女士，她三十多岁了，有一个孩子，正上小学。因上家公司搬到外地，她辞职了。来公司应聘，初试时，HR给她的评语是：此人仪表端正、性格开朗、善于人际沟通，适应能力较强，有一定的学习能力，南京大学法学专业本科，具有十年法务、大区助理工作经验，会开车、有驾驶证，热爱运动、身体健康，不足之处为没有总经理助理工作经验，建议进入复试再考查。

结果到复试进一步了解发现，她的确没有一点此岗位的工作经验，而且薪酬要求较高，因此，没有录用。

面试评语虽然比较简单，但它体现了一个公司人员的录用规范程度和正规程度，也体现了面试官的专业程度以及文字处理能力。所以在面试结束后，评语必不可少，并且还要把它写好，为复试或者录用提供借鉴。

【 Q A 情景模拟 】▶▶▶ --

面试官：您好，胡先生，请坐。一直很期待和您见面，自我介绍一下，我是今天的面试官×××，这位是×××，欢迎来参加今天的面试。

求职者：谢谢，我也一直很期待来贵公司面试。

面试官：这次面谈的目的是确保双方都能充分沟通交流，帮助我们做出正确的用人决策，我们会提出一些问题，请你以过去经历当中的具体事例来回答，而这部分将占用大部分的面谈时间。在回答的过程中请注意简明扼要，抓住重点。当然，要跟你说明面谈上的流程：

第一，我会做笔记，只是为了帮助记录我们的谈话的内容，所以偶尔需要一点时间来完成记录。第二，我可能会视情况调整话题，只是想确保多谈一些你过往曾经做过的事情。最后我会留一些时间，让你询问跟这份工作以及我们公司相关的问题。你准备好了吗？

求职者：我准备好了。

面试官：那么我们现在正式开始吧。